李向楠◎主编

张彦敏　张丽华◎副主编

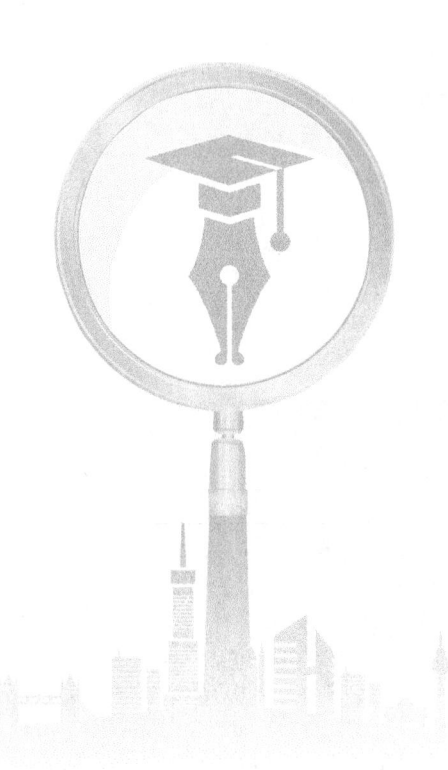

燃智慧之光——学生科研训练与思想引导工作秀成果汇编　第一卷

知识产权出版社
全国百佳图书出版单位

图书在版编目（CIP）数据

点燃智慧之光：大学生科研训练与思想引导工作优秀成果汇编．第一卷/李向楠主编．—北京：知识产权出版社，2018.12

ISBN 978-7-5130-6035-6

Ⅰ.①点… Ⅱ.①李… Ⅲ.①大学生—科学研究—能力培养—研究②大学生—思想政治教育—研究—中国 Ⅳ.①G644②G641

中国版本图书馆CIP数据核字（2018）第296644号

责任编辑：崔开丽　　　　　　　责任校对：谷　洋
文字编辑：李陵书　　　　　　　责任印制：孙婷婷

点燃智慧之光
——大学生科研训练与思想引导工作优秀成果汇编（第一卷）

主　编　李向楠
副主编　张彦敏　张丽华

出版发行：	知识产权出版社有限责任公司	网　址：	http://www.ipph.cn
社　址：	北京市海淀区气象路50号院	邮　编：	100081
责编电话：	010-82000860转8377	责编邮箱：	cui_kaili@sina.com
发行电话：	010-82000860转8101/8102	发行传真：	010-82000893/82005070/82000270
印　刷：	北京九州迅驰传媒文化有限公司	经　销：	各大网上书店、新华书店及相关专业书店
开　本：	720mm×960mm　1/16	印　张：	11.5
版　次：	2018年12月第1版	印　次：	2018年12月第1次印刷
字　数：	175千字	定　价：	48.00元

ISBN 978-7-5130-6035-6

出版权专有　侵权必究
如有印装质量问题，本社负责调换。

编 委 会

主 编 李向楠
副主编 张彦敏 张丽华
参 编 齐 力 马淑芹 禹 湘
　　　　 李 蕊 刘海芳 姜紫宸

目 录

京郊农村社会建设问题与对策研究　　　　　张文君　赵雪婷等/ 1
京郊农村社会工作需求服务调查报告　　　　王思平　徐　静等/ 10
行进中的中国农村社会养老保险制度　　　　张丽华　陈　硕/ 23
机构养老模式下老年人社会参与问题研究
　　——以海淀区某敬老院为研究对象　　　　　　　　邓梦龄/ 45
北京城区未成年人社区矫正社会工作研究　　　　　　朱伟凡/ 64
北京市山区老年人医疗卫生服务现状与问题分析
　　——基于北京市山区农村的实地调查　　　　　　李向楠/ 87
关于自闭症儿童家庭教育康复的研究　　　　　　　　游　娜/ 111
农村留守儿童现状调查及对策研究
　　——对辽宁等七省（自治区、直辖市）农村调查
　　　　　　　　　　　　　　　　　　　　王玉迪　游　娜等/ 129
成年心智障碍者社区化服务困境研究　　　　　　　　陈竹君/ 150

京郊农村社会建设问题与对策研究

学　　生　张文君　赵雪婷　张晓萌　张祥东
　　　　　徐樱嘉　郭　一　张　铭　李曦萌
指导教师　罗雪原

一、导　言

在 2013 年 12 月 24 日召开的中央农村工作会议中，习近平总书记强调，社会主义新农村建设是新时期党中央做出的重要战略决策。北京作为我国的首都和特大型中心城市，如何充分发挥自身的优势，在推进社会主义新农村建设中走在前列，是当前面临的重要问题。社会建设是指社会主体根据社会需要，有目的、有计划、有组织进行的改善民生和推进社会进步的社会行为与过程。社会建设的内涵很广，主要有两大方面：一是实体建设，诸如社区建设、社会组织、环境建设等；二是制度建设，诸如社会结构的调整与构建、社会保障体制建设、社会安全体制建设、社会管理体制建设等。社会实体建设提供公共产品和公共服务，社会制度建设则使社会更加有序与和谐。而对于农村社会建设来说，加快农村社会保障体系建设，则是我国解决"三农"问题、统筹城乡发展和构建社会主义和谐社会的重要举措，也是推进社会主义新农村建设的重要内容。

近年来，北京市积极探索建立健全农村社会保障体系，初步形成了以农村社会养老保险、新型农村合作医疗为重点的农村社会保险体系和以最低生活保障为基础的农村社会救助体系，促进了社会和谐与农村经济社会发展。本研究小组旨在通过研究北京市农村社会建设的情况来了解当前农村社会建设的现状。根据小组的调查，北京市农村社会建设目前有以下几个普遍的问题：农民整体素质不高；农民整体收入偏低；基础设施相对落后等。研究小组以多种角度去了解京郊农村社会建设的现状，通过深度访谈和不同区县的对比，发现社会保险和医疗保险存在弊端，经济发展水平普遍不高等问题。因此本研究试图通过农村居民的社会生产和生活现状，透视农村社会建设的总体发展状况。为了解释这些社会问题，小组以北京市几个典型的郊区农村例如北京市穆家峪镇、韩村河镇二龙岗村、大兴礼贤镇等为调查对象，对北京市农村社会建设作了初步研究，并对研究中发现的问题提出一些粗浅的见解。

二、研究思路和方法

（一）研究框架

通过对京郊几个农村的调查，以及土地"流失"现象的观察，了解京郊农民离开土地的原因，从而分析此种结果的利弊，并探讨此时此刻的农民，身份该何去何从。

随机挑选访问的家庭，进行深入地分析，了解其家庭结构的转变，以及现如今的就业情况和农村医保对农民的影响。

根据对被调查家庭的访问，了解宅基地政策和存在的问题以及流转的不合理状况，并针对此种现象，提出妥善的解决办法。

（二）研究与调查方法

1. 问卷调查

在研究的初期，对典型区县发放了近百份关于本调查的调查问卷，并对回收的有效问卷进行整理与总结。

2. 实地调查与深度访谈法

研究小组对北京市五个区县进行了实地调查，对典型的农户家庭进行了深度访谈，得到了一些问卷所不能反映的问题和现状。

3. 参考文献

除了访谈内容，小组还引用了政府公文、媒体报道、图书文献素材等，对之前的问卷和访谈结果做进一步的分析，最后得出结论。

三、研究发现与结果

（一）土地问题

农村的土地变化每时每刻都在记录着国家对于建设社会主义新农村的目标和期盼。从被调查农村的现状可以看出，百分之九十以上的农民都被动选择离开土地，选择其他职业进行谋生。有些人去当了建筑工人，有些人去县城里务工，有些人则做起了零碎的买卖，还有人把养殖鸽子当副业，和农业靠边的就是养猪了。他们离开土地，走出农村打工，一定程度上与政府出台的退耕还林政策（《退耕还林条例》，2002年12月6日通过）有关，由此引发了一些社会问题。

"退耕还林"让本应该种地的农民将土地承包给政府或者企业，有的土地被修建成公路，有的则是被大规模地种植林木，这样既不荒废土地，也可以赚钱，看起来是一种双赢的局面。土地承包出去，每年就有了稳定的地租，不用再费时费力地劳作，老一辈的人也不用辛苦地耕种和收获，流出农村的劳动力每个月有了固定的工资也可以补贴家用，完全比一家人种地的收入来得快。但是承包出去的土地，签订了30年的期限，到现在为止，这项政策已经持续了将近15年，等于说农民还有15年左右的时间可以享受平均每年每亩土地1500元的补贴，但是到期后，这些承包出去的土地就不再属于农民，而是属于国家，这对于农民来说到底是好是坏？农民现在是什么身份？他们该何去何从？

本次走访调查中发现另外一个困扰农村居民的问题就是关于宅基地的问题。宅基地是指农村村民用作居住、生活而占有、利用的本集体经济组织所有的土地。在目前北京农村的宅基地政策当中，农村宅基地所有权属于农村集体经济组织，农村村民只享有使用权。

农村宅基地闲置，主要有两个方面原因。一是部分农民在申请获得宅基地后，将其宅基地闲置，并未建设住房，或者说在获得新的宅基地后，原有的宅基地荒废，停止使用，但未退耕。二是空心村的出现，随着城市化进程加快，农民外出打工现象十分普遍。

(二）家庭结构的变化

以前农村的家庭结构一般来说都是相对稳定的，其中以三代直系家庭为主要模式（已婚子女及其孩子和父母），可是现在却成为隔代养育。

城乡发展不均衡以及土地制度的变革导致了农村家庭结构的改变，根据调查主要分为两个原因：①种地的收入少，尤其是和城市居民收入相比较。②农民外出务工。首先由于农业的凋敝，农业人口的外流似乎预示着以农业生产为主的传统社会的衰败。四五十岁的人群纷纷换了"工作"。根据调查，有些人去当了建筑工人，这个情况在北京市的农村是比较普遍的，本次调查中几乎每一户农村家庭都至少有一位青壮年劳动力参与其中；有些人去县城里务工，基本上是做保姆、后勤等方面的工作，这种所占的比例也比较大；有些人则做起了零碎的买卖，也有少数人养鸽子。其次就是政策的推动，导致现在很多具有工作能力的劳动力者去外打工。

（三）农村居民的就业问题

由于家庭结构的转变，农村的男性劳动力都向外发展外出打工，一般是参与类似包工队的工作，女性劳动力在家里劳动，一般是看护老人小孩或者在离家近的地方打零工补贴家用。对于较年轻的劳动力来讲，大部分都不在本村工作，但是他们的就业情况也不是很乐观。调查走访了数十户家庭，每个家庭都有至少一个年轻人在外打工，工作类型也千差万别。有的在政府机关单位工作，有的在学校工作，有的在社区工作，也有的在国企或者私企工作。除去很少一部分人以外，大部分人对自己的就业状况持悲观态度，认为自己的工作太苦太累而报酬又特别少，几乎难以养家糊口。他们不满意现状，依靠自身的能力又没有办法找到更好的工作。在就业方面还有一个比较突出的问题是年轻人在外（北京市内）工作，平时并不回家居住，基本周末才会回家，只有少数工作地点离家比较近的人会乘坐交通工具上下班，一天来回一次。

（四）京郊农村留守问题

在农村走访过程中，我们并没有发现很多小孩子在外面玩耍。通过询问得知，孩子大多由祖父母看管，但他们的父母基本上会每周都跟孩子见面。这说明北京市各农村的儿童留守问题并不突出。因为，一方面，孩子父母工作地点距离孩子居住地并不是很远，孩子与父母之间的交流可以很频繁；另一方面，通常所说的农村儿童留守问题，发生的地区都处于较贫穷落后的地区，孩子的父母外出打工的地方大都是北上广或者沿海经济较发达地区，距离家很远，经常半年或一年才回家一次，因此那些地区儿童留守问题比较严重。

（五）大病医疗问题

在本次对大兴和房山的走访调查当中，发现有不少家庭存在一个现象，那就是关于大病医保的问题。在农村，由于家庭条件、生活环境等因素出现了很多残疾人或者重病患者，这类人的家庭一般都很贫困，经济压力较大。

在走访的过程中，发现大部分这种情况的家庭是没有医疗保险的。在所走访的农民当中有一家特别典型，这个家庭是兄弟两个住在一起，老大全家三口身体健康，有一个今年刚当兵回来的儿子，老二没有子女，老二本身患有尿毒症，由于没有钱去做手术又没有医疗保险，只能靠花费较少的中药来进行保守治疗，而老二的妻子是一位精神疾病患者，并不能算一位正常的劳动力。老二生病看病的医疗费用全部是老大家代出。而老大家的经济来源除了老大在外打工赚的钱以外，还有他自己在家里养鸽子的收入，另外，老大妻子在村子里也会经常打零工补贴家用，同时，老大家儿子因参军而得到的资金也是这个家庭经济来源的一部分。因此两个家庭的经济压力都很大。由此可见，单靠政府力量，简单模仿城镇职工的社会保险制度设计农村保障模式，难以满足广大农村地区对医疗保险的需求。

在保险和救济方面，还有一点值得注意的是，部分家庭虽然条件比较困难，但是不符合领取低保和失业保险的条件。在韩村河镇，一个将近50岁的农妇反映，家里劳动主力身体状况不是很好，虽然能参与本村的清洁队工作，但是由于这种工作劳动强度大，所以无奈退出，平时只能靠打零工维持生活。在农村有很多这种情况，生活困难，保险和救济却覆盖不到。虽然家庭现状能保持解决温饱的水平而不致缺衣少吃，但是这绝不是新农村建设的目标，也不是全面建设小康社会的进程中所希望看到的。

四、对　策

（一）关于农村宅基地流转方面的对策

针对上述提到的农村宅基地流转方面的现状及问题，提出以下几点建议。

1. 明确农村宅基地产权

国家可以出台相关的法规，明确农村宅基地的产权。当产权明晰以后，农民才能通过其在市场上的正常流转获得生产资本，参与社会生产，达到资源的有效配置。因此，现行的农村宅基地管理模式急需改变，而改革的根本，就是给农民一个明确的产权。

2. 建立符合我国国情的宅基地流转制度，"放开"农村宅基地

在保持宅基地为集体所有的基础上，对手续齐备、建造合法的农村宅基地及其地上房屋颁发《集体土地使用证》《房屋产权证》等证书，允许农村宅基地进入土地交易市场，和房改房、商品房一样，可以合法地转让。

3. 优化农村宅基地的管理

只有在宅基地的管理上做足文章，才能使得农民的权益得到最大的保护，当地经济才能得到更大的发展。

（二）关于社会保障方面的对策

进一步完善社会保障体系，使社会保障成为居民消费的最有力后盾。在农村，社会保障基本处于缺位状态，农村应尽快争取在有条件的地区率先建立社会保障制度，通过辐射，逐步向周边扩展，有计划、有步骤地形成完整的社会保障体系。

（三）基础设施建设方面的对策

继续加强农村基础设施建设，在为农民增收创造条件上求得新突破。

加强农村基础设施的建设，支持农村节水灌溉、人畜饮水、种子、种畜和乡村道路建设等，对改善农民生产生活条件、带动农民就业、增加农民收入发挥积极作用。

（四）关于经济方面的对策

加强农村集体经济发展制度支持，促进农村实现共同富裕。实践证明，发展农村集体经济是实现农民共同富裕的一条有效途径。近些年来，郊区农村集体经济增长速度缓慢，占郊区经济总量的比重逐年下降，集体资产经营效益偏低。建议制定支持集体经济发展的相关政策，加快农村集体经济组织立法工作，探索发展集体经济、实现集体资产保值增值经营的有效途径，进一步释放农村经济发展活力。

（五）倡导合作社的互帮互助思想

加大农民专业合作组织、家庭农场支持力度，培育农业新型经营主体。以北京市农民专业合作社联合会为载体，以建立农产品现代产销体系为目标，布局、实施全市农民专业合作社、联合社的功能建设和政策扶持。结合实际制定标准、明确规范，完善土地流转、资金扶持、税收优惠等具体有关政策措施，发挥家庭农场示范引领作用，带动农民增收致富。

（六）关于教育方面的对策

加强农民职业教育，逐步缩小农民与市民的差距。首都城市化进程加快、农业产业升级均对郊区农村劳动力提出了更高的要求，农村劳动力整体文化素质不高，向二三产业转移就业能力明显不足。顺应国家深化改革大背景和北京都市型现代农业转型发展新要求，培养大批职业化新型农民，为发展首都现代农业提供人才保障。

（七）推进公共服务均等化

党的十八大报告明确提出了基本公共服务均等化总体实现的目标。着力推进基本公共服务均等化，努力实现惠及全体人民的基本公共服务均等化目标，是人们共享现代化成果的重要举措，是改善民生、统筹城乡发展、构建和谐社会的重要任务。

（八）大力发展多元的农业经济

近年来各区县大力发展都市型现代农业，打造精品农业、高端农业、体验式农业、旅游休闲农业，引导市民走进郊区，不断拓宽农业产业功能，成为农民增收致富的稳固渠道。大兴区大力开发认养体验、休闲体验等不同模式，实现认养农田、采摘、餐饮、垂钓、娱乐、会议接待、住宿等综合功能于一体，延长产业链条，大幅度激发了农村经济发展活力。怀柔区重点打造夜渤海、长城国际文化村、不夜谷、水长城、白河湾等沟域经济带，带动周边民俗接待，大大提高了农民的旅游综合收入。

2014年上半年各区县加大"新三起来"工作力度，采取措施提高土地产出率、资产收益率、劳动生产率。昌平区加快土地流转工作，完成全区农村土地流转面积37.4万亩，提升土地市场价值。北京市农村经济研究中心牵头成立北京市农民专业合作社联合会，组织农民专业合作社参展"京交会"、落实贷款协议、组织农产品营销、搭建信息平台，全市各类合作社引领带动作用进一步凸显，采取农超对接、农社对接和农餐对接等多种形式畅通农产品销路，提高农产品售价，增加农产品销售收入。

五、总　结

习近平总书记多次讲话强调，我国要全面建设小康社会。进入21世纪以来，中央出台的"三农"政策行之有效、深得民心，有效调动了农民积极性，有力推动了农业农村发展。我国改革是从农村起步的，农村改革发展的伟大实践，为实现人民生活从温饱不足到总体小康的历史性跨越、推进社会主义现代化作出了重大贡献，为战胜各种困难和风险、保持社会大局稳定奠定了坚实基础。当前京郊农村温饱问题已经普遍解决，有大量农户已经实现更高标准的小康生活，但是仍有相当一批农户只是解决了初步温饱问题，幸福感、满意度不高，离全面建成小康社会还有很大差距。要重视化解农村社会矛盾，确保农村社会稳定有序，及时反映和协调农民各方面利益诉求，处理好政府和群众利益关系，从源头上预防减少社会矛盾。

只要致力于改善农村，发展农村，对于现如今京郊农村所表现出来的问题，认真研讨，贯彻对策，弥补不足，相信农村一定会有更好的发展前景，向全面建成小康社会推进一大步。

参考文献

[1] 费孝通. 乡土中国 [M]. 北京：北京大学出版社，2014：12.

[2] 郑杭生，等. 社会学概论新修 [M]. 北京：中国人民大学出版社，2011：3.

[3] 查理德·谢弗. 社会学与生活 [M]. 北京：世界图书出版公司，2006：9.

[4] 朱启臻. 留住美丽乡村 [M]. 2014：12.

[5] 闫世伟. 就近城镇化应把握的着力点 [J]. 理论探索，2014 (4)：106-107.

[6] 张文宏，雷开春. 城市新移民社会融合的结构、现状与影响因素分析 [J]. 社会学研究，2008 (5)：1-25.

[7] 纪泽民. 农民工城市融入问题的多元化路径探析 [J]. 农村经济，2014 (9)：82-86.

[8] 黄胜忠. 转型时期农民专业合作社的组织行为研究——基于成员异质性的视角 [M]. 杭州：浙江大学出版社，2008.

[9] 温铁军. 农村城镇化进程中的陷阱 [J]. 战略与管理，1998 (6)：43-45.

京郊农村社会工作需求服务调查报告

学　　　生　王思平　徐　静　侯瑞云
　　　　　　张可可　崔雨帆　孟　甜
指导教师　彭军芳

摘　要：京郊农村地区的发展直接关系到北京大局的稳定和可持续发展，而随着城市化的不断发展，农村地区的养老、医疗、儿童及青少年的教育看护、就业等问题日渐凸显。本文以北京郊区的昌平崔村和顺义南彩两地为个案，展开实地调查，从社会工作的角度探求农村地区各方面的需求状况，并提出在农村和政府之间建立起第三方的社会工作模式。在这个模式的实施过程中，需要政府不断加大资金投入，社工人员增强服务意识与能力，农村自助网络不断形成，积极稳妥地推进京郊农村地区社会工作需求的不断满足。

关键词：农村　养老　医疗　贫困家庭　社会工作服务

目前中国农村出现的如养老、医疗、留守儿童、残障群体、就业等问题日益凸显，越来越需要我们的关注。随着社会的发展，国家及社会越来越重视社会工作的发展。自"十二五"以来，提出了加强社会工作人才队伍建设发展规划。社会工作越来越被社会所需要。目前，城市的社会工作体系已逐渐建立起来，为了解农村社会工作需求，我们进行了这次调研。

一、实地调查情况（现状）

为了解京郊农村社会工作需求情况，我们来到了昌平崔村以及顺义南彩两地进行调查研究，通过走访、同村民交谈、填写问卷等调查形式，对两村的社会工作需求有了更直观的了解。走访的社区以及住户,大家都表现得非常热情积极,对工作给予了极大的支持。此次的调查有全组六人参与,共发放调查问卷110份,其中有效问卷达到100份,分别从个人基本情况、身体及心理情况、文化活动情况、医疗卫生情况、社区服务项目需求五个方面进行了调查,以下是调查的基本情况。

1. 基本情况

受访人为100人,其中34人为男性,66人为女性。20岁以下的占8%,20岁到40岁的占45%,40岁到60岁的占42%,60岁以上的占5%。其中,了解社会工作的人数占35%,大概了解社会工作的占46%,不了解社会工作的占19%。大部分的村民都了解社会工作,通过填写调查问卷以及交谈,大部分村民都对社会工作感兴趣,并对农村社会工作抱有期待。

2. 对社区老年人群体服务项目需求进行了调查

(1) 老年人对居家养老服务需求调查。

其中非常需要的大多数家庭中有高龄老人以及身体健康状况不好的老人,不太需要的家庭大部分是子女有一定的时间来照顾老人以及老人完全可以自理的(见图1)。

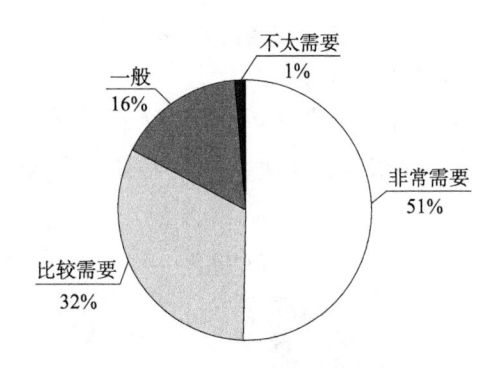

图1 居家养老服务

(2) 老年人对长者文娱康乐活动需求调查。

其中大部分人都对文娱活动的内容及形式都很有兴趣,而少数的人不了解活动的主要内容而选择旁观(见图2)。

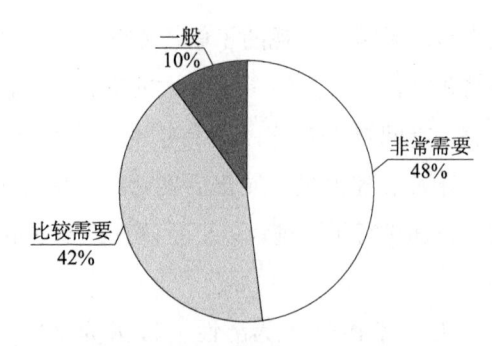

图 2　文娱康乐活动

（3）老年人紧急援助服务的调查。

大部分人都觉得在老人有紧急情况的时候不能采取及时有效的措施，更愿意有专业人员给予有效的帮助（见图3）。

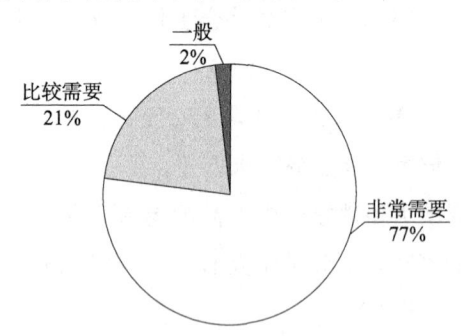

图 3　紧急援助服务

（4）老年学堂服务需求的调查。

大部分老年人的生活比较单一，有些老人以及子女愿意让老人在日常生活中继续学习一些东西充实生活，但也有一些老人愿意安于现状（见图4）。

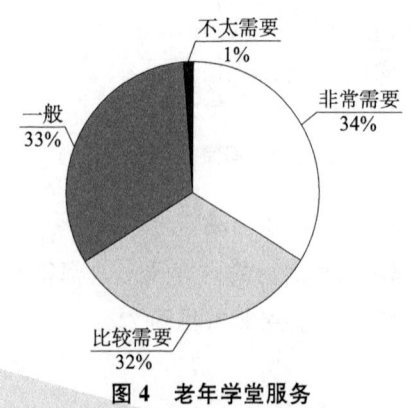

图 4　老年学堂服务

(5) 老年人义工团队服务调查。

在被访者中需要的人大部分都很期待义工团队能带来一些服务（见图5）。

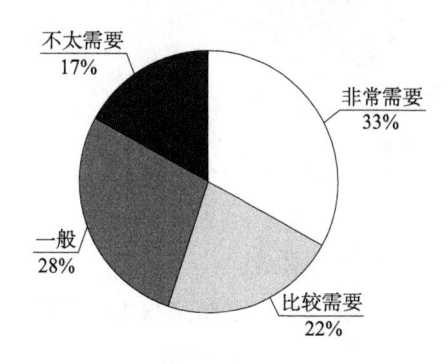

图5 老年人义工团队服务

(6) 社区互助支援服务调查。

大多数人还是很希望得到周围熟悉的资源来互相交流（见图6）。

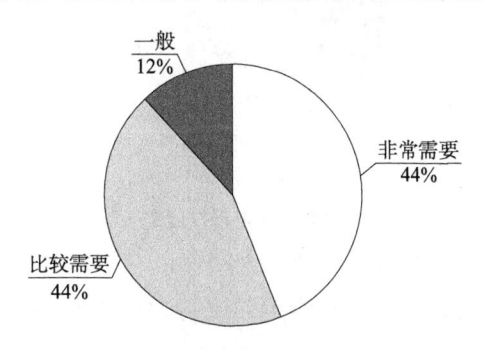

图6 社区互助支援服务

3. 对社区残疾人群体服务项目需求进行了调查

在社区残疾人群体服务项目需求调查中，受访人中残疾人只有7人，但其他受访人也都对残疾人的社会工作需求提出了自己的建议。

(1) 残疾人康复服务调查。

受访的残疾人以及其他受访人认为这项服务能给他们带来更多的便捷，也有人认为自己已有固定的机构或者方式进行康复训练，或者更愿意通过自己信任的地方进行康复（见图7）。

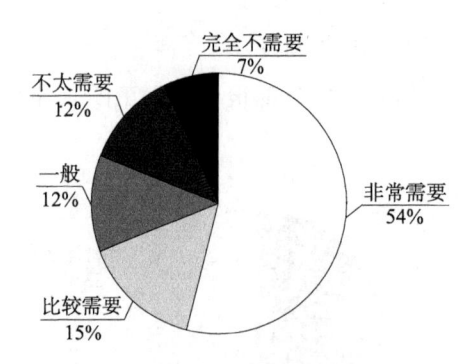

图7 康复服务

（2）残疾人就业帮扶服务调查。

大部分人期待就业帮扶能给自己带来很大的帮助（见图8）。

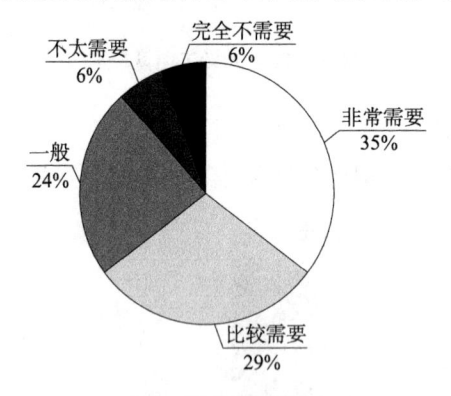

图8 就业帮扶服务

（3）残疾人家庭支持与咨询服务调查。

大部分人觉得一般家庭所给予的支持力度都不小，所期待的就是咨询服务（见图9）。

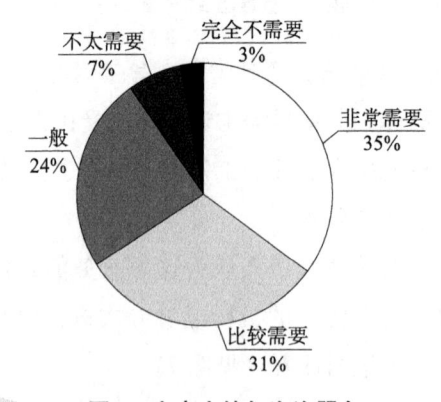

图9 家庭支持与咨询服务

（4）残疾人社会互助支持网络调查。

大部分人都认为社会应该更多地关注残疾人并且能够给予他们一定的支持（见图10）。

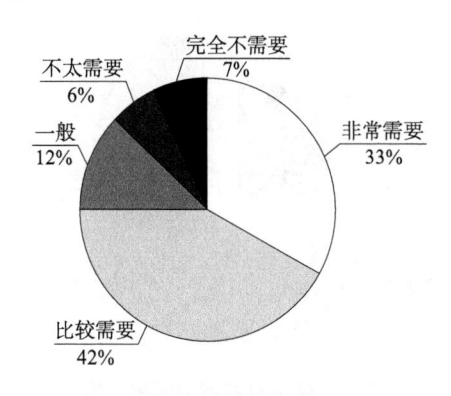

图10 社会互助支持网络

4. 对社区成年人群体服务项目需求进行了调查

在社区成年人群体服务项目需求调查中发现，此次受访人大多数均是成年人。

（1）成年人就业帮扶服务。

大多数成年人都渴望有更多的就业机会，在受访人中还有少部分人为下岗失业人员，他们对就业机会有更多的需求（见图11）。

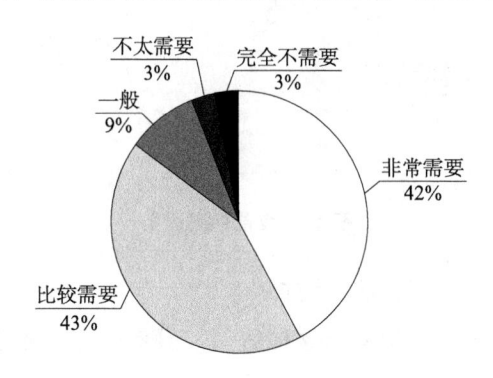

图11 就业帮扶服务

（2）成年人的婚姻与家庭问题咨询服务。

对于较年轻的未婚青年来说，更多的人希望有这方面的服务。同时在中年人群中，更多的人希望能够通过这项服务来更好地促进自己的婚姻与家庭。值得一提的是，在成年人群体中，有一部分人属于离婚状态，他们更渴望认识婚姻，重试婚姻（见图12）。

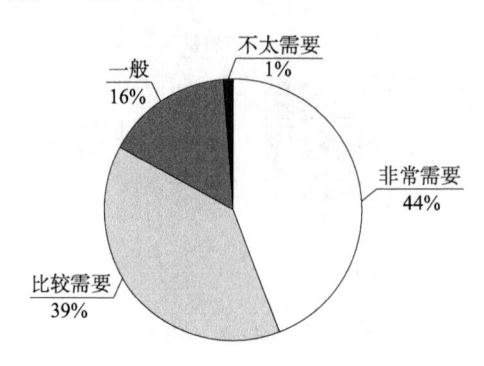

图 12　婚姻与家庭问题咨询服务

（3）成年人权益保障服务。

大部分人认为在权益保障的过程中不知道怎么做以及不知道自己的权益在什么方面体现（见图13）。

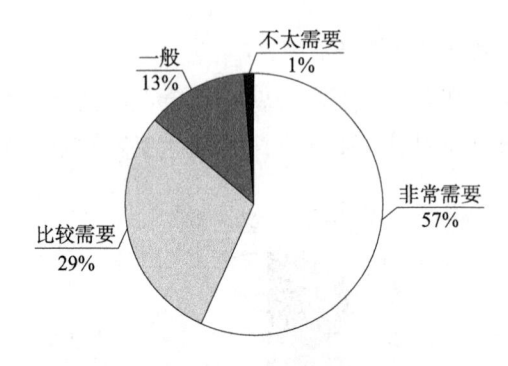

图 13　权益保障服务

（4）成年人兴趣工作坊的调查。

大部分的人都很希望参与这种活动，但是也有人考虑到自己没有太多的时间参与这些（见图14）。

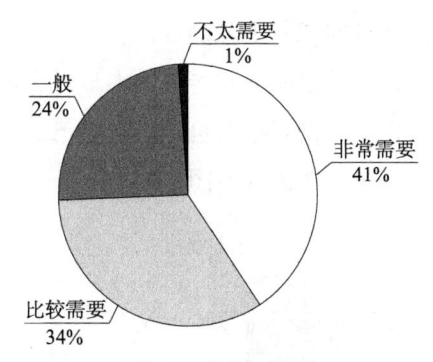

图 14　兴趣工作坊

（5）成年人的子女教育服务。

对于子女教育问题大家都很关注，希望可以有专业的人员来提供相应的服务（见图 15）。

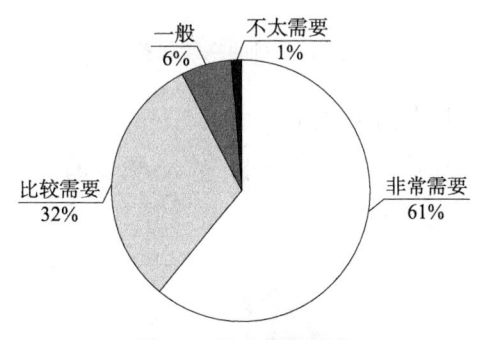

图 15　子女教育服务

5. 对社区儿童及青少年群体服务项目需求进行了调查

（1）儿童及青少年的学业辅导服务调查。

大多数家庭认为在社区里提供这样的服务可以更好地帮助儿童及青少年的学习和管理（见图 16）。

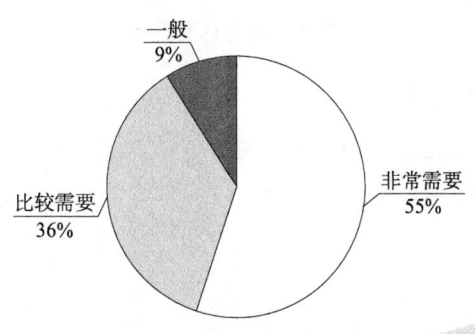

图 16　学业辅导服务

(2) 儿童及青少年日间托管服务调查。

大多数的家庭还是很希望能够有专业的人员对自己的孩子进行照料，以便大人们更好地工作，但是有些人也认为，自己的孩子自己带比较好，同时这些人的时间还是很充裕的（见图17）。

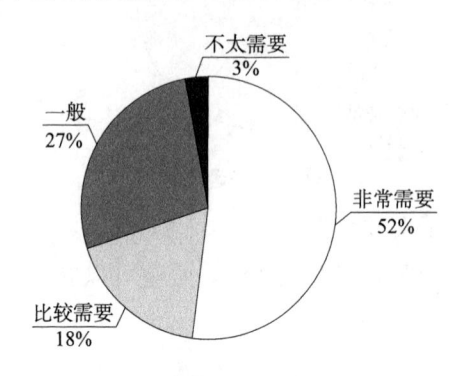

图 17　日间托管服务

(3) 权益保障服务需求调查。

这个同成年人权益保障服务需求一样，更多的人越来越关注自己及儿童的权益保护（见图18）。

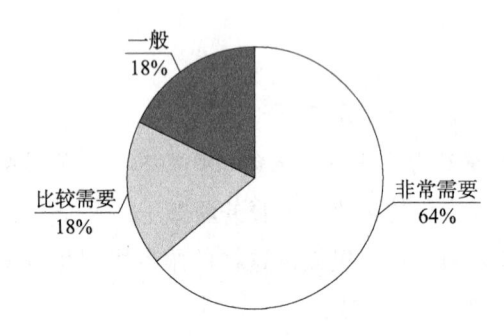

图 18　权益保障服务

(4) 心理辅导服务。

越来越多的人关注心理健康问题，但是对于心理问题的辅导，一部分人并不了解所以态度中立（见图19）。

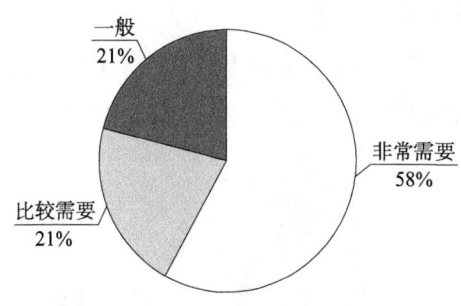

图 19　心理辅导服务

（5）素质拓展的需求。

其中大部分人都愿意让自己的孩子更多地参与活动，提高能力，小部分人觉得孩子们在学校或其他机构里就已经接触了这些，没太多的必要（见图 20）。

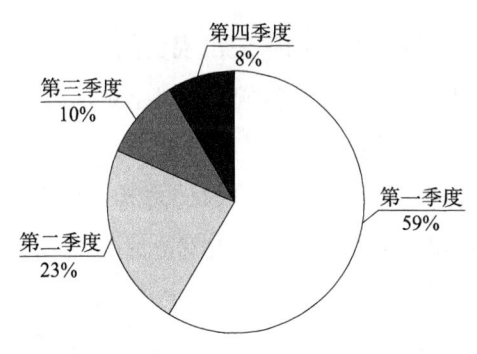

图 20　素质拓展

6. 对社区贫困家庭服务项目需求进行了调查

（1）贫困家庭的就业帮扶服务。

大部分人都认为贫困家庭应该得到更多的就业帮助（见图 21）。

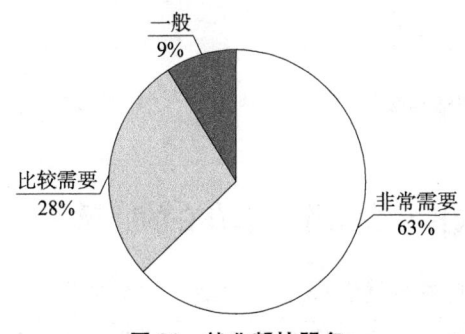

图 21　就业帮扶服务

（2）社会政策的咨询服务。

大多数人觉得在农村消息相对不通畅，贫困家庭了解到的社会政策更少，更希望有专业的人员提供这方面的服务（见图22）。

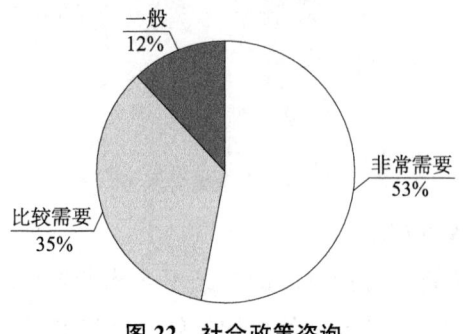

图22 社会政策咨询

（3）心理辅导服务。

有些人反映在农村有些贫困家庭出现负能量的状态，认为应该有专业人员进行心理辅导，这可以让他们在心理上更加阳光向上（见图23）。

（4）医疗援助服务调查。

在农村依旧存在着因病致贫的现象，尤其是贫困家庭，大多数人觉得能提供医疗援助可以大大缓解他们的就医情况（见图24）。

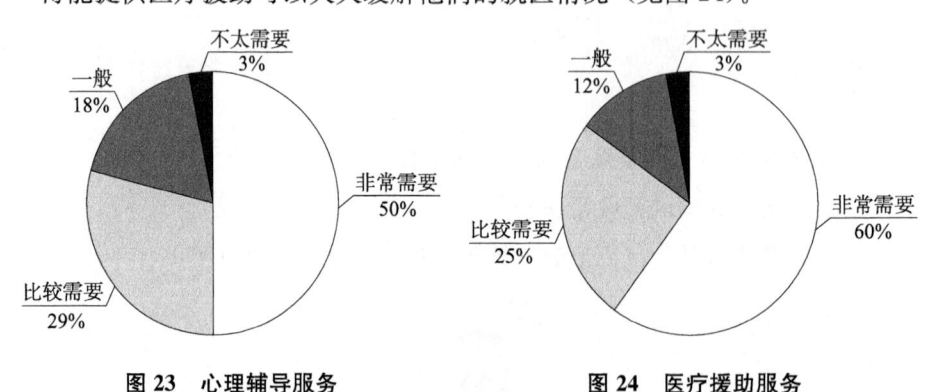

图23 心理辅导服务　　　　图24 医疗援助服务

二、京郊农村社会工作需求存在的问题

在调查中我们主要就农民生产生活、社会救助、医疗卫生、儿童及青少年的教育等方面的需求展开了调查。从调查中可以发现京郊农村的

社会需求日趋增大，但是社会工作的发展目前还无法深入到农村地区，无法满足村民的社会工作需求。

第一，就农民的生产生活而言，农村成长起来的人才大多流向经济发达的城市地区，直接导致农村人才缺乏，经济发展困难。外出务工人员多，大多数精壮劳动力被带走，导致城市人才过剩，农村人才匮乏，城市农村人才分布大多不平衡，间接导致城市经济飞速发展，农村经济相对落后。农村经济停滞不前，陷入恶性循环。

第二，农村的社会福利也存在许多问题，社会保障覆盖面非常狭窄，社会保障体系很不健全，在农村大多数人还无法享受到社会保障。农村村民存在没有参保的现象。大部分农村农民的养老保险处于空白状态。我国农村的最低生活保障制度、医疗保险制度、养老保险制度等，从各方面来看都还无法满足农民的需要。另外，农村社会福利资金的来源单一。我国农村社会保障基金的筹集模式是个人和国家共同负担的机制。但由于资金不足，农民无法承担。同时，我国农村的贫穷人口数目较大，救济资金大大增加了国家财政负担，而且农村的人大多文化水平低，没有什么专业技能，就业范围很窄，收入低。农民很少交社保，没有资金来源，周而复始，以至于农村社保资金参保度更加降低，无法建立完善可运行的资金链，不能够提供可媲美城市的社保额度。最后，在医疗卫生方面，由于资金投入不足，医疗设施不完善，技术跟不上。资金的投入来源单一，无法从实处完善医疗设施和医疗制度。

第三，由于农村土地的特殊性以及不流动性，农村人员也具有明显的地域性，农村居民较之城市居民更崇尚传统的风俗习惯，思想也更加保守，对于福利制度的不断变化大多持观望态度，造成农村福利制度执行力低。

三、问题的解决

（一）需要政府不断加大资金投入及福利体系的不断完善

自"十二五"规划以来，国家越来越重视社会工作的发展，城市社会工作发展得日益红火，同时，国家也越来越关注农村的发展。京郊农村作为北京不可忽视的一部分，需要政府不断加大资金投入，大量地投入人才支持农村发展。例如，多举行一些农村村委会、社区居委会专业人员的培训，调动城市专业社会工作者投入农村进行服务等。二是政府需要完善农村社会保障体系。农村社会保障体系仍然处于不完善的状态，主要包括三个方面：第一，农村社会救济，在对待贫困户方面，国家需要加大力度设立扶贫基金，帮助发展生产。第二，五保供养制度，建立更完善的监督机制，确保资金到位。第三，要完善养老保险为主，医疗保险为辅的保险制度。

（二）社工人员增强服务意识与能力

大力倡导社会工作者下基层，投入农村服务当中。在各高校建立起专业社会工作培训服务点，增强社会工作人员的服务意识。政府出台相关政策给予补贴，鼓励更多城市社会工作者投入到农村社会工作岗位上。

（三）农村自助网络不断形成

以政府支持、部门指导、志愿者服务为主，以低偿服务和有偿服务为原则，充分利用邻里间的距离近、感情亲、易沟通的特点，将志愿者与受助者结成"邻里互助对子"，以满足受助者生活需求为重点，促进农村社会服务体系的不断完善。

京郊农村地区的发展直接关系到北京大局的稳定和可持续发展。通过此次对北京郊区的昌平崔村和顺义南彩两地的调研，我们发现京郊农村的发展存在许多问题，并且很需要专业社会工作者的引导和帮助。作为农村社会的主体，农民是农村社会的实际构成者和建设者，他们只有经过社会化的过程，才能扮演好自己的社会角色，承担起农村社会建设的重任。所以，养老、医疗、留守儿童、残障服务、就业等问题亟待解决。目前，人们对社会工作的了解相当有限，正因为如此，社会工作人员更应该增强服务意识与能力，发挥自己的力量，深入农村，利用社会工作的专业理论与方法，整合各类资源，为他们提供支持和帮助，实现助人自助，增强他们解决问题的能力，帮助他们构建农村自助网络，积极稳妥地推进京郊农村地区社会工作的发展，提高农村居民的生活品质。

行进中的中国农村社会养老保险制度

张丽华　陈　硕

一、《县级农村社会养老保险基本方案（试行）》时期的制度

（一）制度的基本内容

1991年6月，中国民政部当时的农村养老办公室制定出台了《县级农村社会养老保险基本方案（试行）》（以下简称《方案》），1992年1月1日起实施。该《方案》明确规定以县为统筹单位实施农村养老保险工作。《方案》所确立的农村社会养老保险制度的主要内容概括如下。

1. 制度的宗旨和原则

《方案》明确规定农村社会养老保险制度作为政府的一项重要社会政策，旨在保障全体农民老年基本生活。建立农村社会养老保险制度不能脱离几个基本原则，即要从我国农村实际情况出发，要坚持资金个人交纳为主，集体补助为辅，国家予以政策扶持；要坚持自助为主、互济为辅；要坚持社会养老保险与家庭养老相结合；要坚持农村务农、务工、经商等各类人员社会养老保险制度一体化的方向。

2. 保险对象及交纳、领取保险费的年龄

（1）保险对象：市城镇户口、不由国家供应商品粮的农村人口。一般以村为单位确认并组织投保，也包括村办企业职工、私营企业、个体户、外出人员等。而乡镇企业职工、民办教师、乡镇招聘干部、职工等，可以以乡镇或企业为单位确认并组织投保。

（2）交纳养老保险费年龄：不分性别、职业均为20周岁至60周岁。

（3）领取养老保险金年龄：一般在60周岁以后。

3. 保险资金的筹集

资金筹集坚持以个人交纳为主，集体补助为辅，国家给予政策扶持

的原则。个人交纳要占一定比例；集体补助主要从乡镇企业利润和集体积累中支付；国家予以政策扶持，主要是通过对乡镇企业支付集体补助予以税前列支体现。集体补助的具体方法，可由县或乡（镇）、村、企业制定。个人的交费和集体的补助（含国家让利部分），分别记账在个人名下。在没有实行独生子女补助的地区，独生子女父母参加养老保险的，其集体补助部分可高于其他参保对象。具体办法由地方政府制定。

4. 缴费标准、变动及养老金的支付

（1）缴费的标准。养老保险费交纳的标准设有 2 元、4 元、6 元、8 元、10 元、12 元、14 元、16 元、18 元、20 元十个档次，不同的地区以及乡镇、村、企业和投保人缴费标准范围和缴费期的选择均由县（市）政府决定。

（2）缴费的变动。个人可以补缴或预缴养老保险费。补交或预交保险费，集体可视情况决定是否给预补助。补交后，总交费年数不超过四十年；预交年数一般不超过三年。个人或集体根据收入的变化情况，经社会养老保险管理部门批准，也可按规定调整交纳档次。当遇到各种原因导致个人或集体无能力交纳养老保险费时，经社会养老保险管理部门批准，在规定的时间内还可以暂时停交保险费。对停交期的保险费，在恢复交费后，可以自愿补齐。服刑者如果停交保险费，刑满释放回原籍的，原保险关系可以恢复并继续投保。投保人如果在交费期间死亡，则将其个人交纳的全部本息退还给其法定继承人或指定受益人。

（3）养老金的支付。养老金从 60 周岁以后开始领取。根据参保人交费的标准、年限确定支付标准。有过调整交费标准或中断交费的，其领取的养老金标准要在交费终止时，将各档次、各时期积累的保险金额合并重新计算。领取养老金的保证期为十年。领取养老金不足十年死亡的，保证期内的养老金余额可以继承。如果无继承人或指定受益人，则按农村社会养老保险管理机构的有关规定支付丧葬费用。领取养老金超过 10 年的长寿者，可领取养老金直到死亡为止。

（4）转移接续。参保人从本县（市）迁往外地，如果迁入地已经建立了农村社会养老保险制度，要将其保险关系（含资金）转入迁入地的农村社会养老保险管理机构。如果迁入地尚未建立起养老保险制度，可以将其个人交纳的全部保险费本息退发本人。参保人因招工、提干、考学等事由农转非的，可将保险关系（含资金）转入新的保险轨道，或将个人交纳的全部保险费本息退还本人。

5. 基金的管理与保值增殖

（1）基金的管理。基金以县为单位统一管理。具体做法是县（市）农村社会养老保险机构在指定的专业银行设立农村社会养老保险基金专户，专账专管，专款专用。民政部门和其他任何部门都无权动用资金。如果考虑将养老保险基金用于地方建设，原则上不由地方直接用于投资，而是存入银行，地方通过向银行贷款用于建设。农村社会养老保险基金以及按规定提取的管理服务费和个人领取的养老金，都不计征税、费。

（2）基金的保值增殖。基金的保值增殖主要是通过购买国家财政发行的高利率债券和存入银行来实现，不将基金直接用于投资。基金使用要建立监督保障机制，必须同时兼顾当前和长远利益、国家和地方利益。各乡镇交纳的养老保险基金要直接入银行的专户。养老保险基金除需要现时支付的部分以外，原则上要及时转为国家债券。国家以偿还债务的形式返回养老金。现金要通过银行收付。

6. 立法、机构、管理和经费

（1）立法。

县（市）政府依据《方案》制定《农村社会养老保险暂行管理办法》。通过实践补充完善后，再由政府发布决定或命令，依法建立农村社会养老保险制度。

（2）业务办理及管理、监督机构。

农村社会养老保险按人立帐建档，实行村（企业）、乡、县三级管理。县（市）级成立非营利性事业机构农村社会养老保险管理处负责经办农村社会养老保险的具体业务，管理养老保险基金。乡镇级设立代办站或招聘代办员负责收取、支付保险费、登记建账及其他日常工作。村级则由会计、出纳代办收取保险费、发放养老金等工作。农村社会养老保险的保险费必须按期交纳，存入银行专用账户。逾期未交可罚交滞纳金。对正常交纳保险费的参保人发给保险费交费凭证。到领取年龄后,换发支付凭证。制度实施中逐步建立个人社会保障号码,运用计算机管理以提高效率。县级以上人民政府要设立农村社会养老保险基金管理委员会,对养老保险基金管理进行指导和监督。农村社会养老保险基金管理委员会由政府主管领导任主任,成员由民政、财政、税务、计划、乡镇企业、审计、银行等部门的负责人和参保人代表组成。乡(镇)、村两级群众性的社会保障委员会要协助工作,同时发挥监督作用。

(3)业务及管理经费。

对县(市)成立的事业性质农村社会养老保险机构的开办费,地方财政可一次性拨给,随着农村社会养老保险事业的发展可逐步过渡到全部费用由管理服务费支出。管理服务费要按国家规定提取并分级使用。

(二)制度存在的主要问题

事实上,该《方案》所确立的农村社会养老保险制度在十几年的实践过程中由于制度本身设计的问题及实施中人为过错等原因,出现了各种各样的问题。

1. 欠缺最本质的保险和保障功能

强制性、互助性和国家最终责任性是社会保险制度应该具备的三个基本属性。强制社会保险的受益者缴纳保险费参加保险制度,国家作为保险责任主体之一承担最终保险责任是任何一个持续有效的社会保险制度不可或缺的内容。《方案》规定农民可以自由参加该农村社会保险制度,并规定了"个人缴纳为主,集体补助为辅,国家给予政策扶持"的资金负担责任方式。这就意味着如果大多数集体出现了不愿意或没有能力承担对农村社会养老保险提供补助资金的责任时,参加保险的农民就得不到预想的补贴,而能从国家那里得到的也只是"政策扶持",这就导致了农村社会养老保险制度难以筹集到应有的互助性、保障性基金。而由于在保障标准问题上又规定养老金的给付按个人账户实账积累总额确定,所以在难以得到集体补助的情况下,农民最终获得的养老金给付几乎只有参保农民自己缴纳到个人账户上的保险费。结果这种缺乏社会互济性和保障性的养老保险制度与强制性储蓄或鼓励性储蓄几乎别无二致。

说到底是该农村社会养老保险制度既不具备社会保险性，更不具备社会保障性。

2. 基金管理水平低下

由于只在县（市）级设立了保险和基金业务管理机构，级别低、专业性不强，加之缺乏专业人才和严格的管理、监督制度，不可避免会出现问题、漏洞。其中最严重的是养老保险基金管理问题。由于征缴、管理和支付、使用都集于一身，又缺乏严格而有效的监督和控制机制，管理者、权力者挤占、挪用甚至贪污、挥霍农村养老保险基金的情况便不可避免地时有发生。这种情况会直接危及农村社会养老保险基金的积累甚至安全，难以保障养老金的支付。

3. 该制度欠缺长期持续能力

从操作角度看。社会保险是覆盖广泛的一种社会制度，它要求社会保险工作在实施、管理和监督各环节、各方面都要有统一的社会化的方式方法和行为。由于该制度操作性规定不足，一直没有一个恰当的统一立法，很多内容都交由各地制定地方性法规、政策分散处理，致使各地对农村养老保险工作的认识和掌握程度不一，行为的内容、方式、方法也千差万别，导致工作极不平衡。如果长期缺乏统一立法、统一管理，则农村社会养老保险难以得到持续推行。

从基金的储备和支付保障角度看。该农村社会养老保险制度资金的筹集不依赖国家和地方财政，几乎是完全的个人储备积累模式。如果个人交费出现问题则资金的原始积累难以保障。即使个人交费不出问题实现了养老基金的原始积累，由于基金管理和保值增值环节存在的问题也可能难保基金的安全，无法保值增值或在保值增值目标上大打折扣。在此情况下，已经对参保人承诺的养老金支付水平将难以得到保障，政府也将失信于民。那么，农村社会养老保险事业也将难以为继。

二、新型农村社会养老保险制度及其评价

新型农村社会养老保险制度是以 2009 年 9 月 1 日国务院颁发的《关于开展新型农村社会养老保险试点的指导意见》（以下简称《指导意见》）

为依据展开的。其基本原则用一句话来概括就是"保基本、广覆盖、有弹性、可持续"。具体由以下四个方面来体现：一是从农村实际出发，低水平起步，筹资标准和待遇标准要与经济发展及各方面承受能力相适应；二是个人（家庭）、集体、政府合理分担责任，权利与义务相对应；三是政府主导和农民自愿相结合，引导农村居民普遍参保；四是中央确定基本原则和主要政策，地方制订具体办法，对参保居民实行属地管理。

（一）新型农村社会养老保险制度的主要内容

1. 参保范围

年满16周岁（不含在校学生）、未参加城镇职工基本养老保险的农村居民，自愿在户籍地参加新型农村社会养老保险。

2. 基金筹集

新型农村社会养老保险制度的基金由个人缴费、集体补助、政府补贴构成。

个人缴费——参加新型农村社会养老保险制度的农民应当按规定缴纳养老保险费。缴费标准设为每年100元、200元、300元、400元、500元5个档次，地方可以根据实际情况增设缴费档次。参保人可自主选择缴费档次，多缴多得。国家依据农村居民人均纯收入增长等情况适时调整缴费档次。

集体补助——有条件的村集体应当对参保人缴费给予补助，补助标准由村民委员会召开村民会议民主确定。同时鼓励其他经济组织或社会公益组织、个人为参保人缴费提供资助。

政府补贴——政府对符合领取条件的参保人全额支付新农保基础养老金，其中中央财政对中西部地区按中央确定的基础养老金标准给予全额补助，对东部地区给予50%的补助。地方政府应当对参保人缴费给予补贴，补贴标准不低于每人每年30元；对选择较高档次标准缴费的，可给予适当鼓励，具体标准和办法由省（区、市）人民政府确定。对重度残疾人等缴费困难人员，地方政府为其代缴部分或全部最低标准的养老保险费。

3. 个人账户的建立

国家为每个参保人建立终身记录的养老保险个人账户。个人缴费、集体补助及其他经济组织、社会公益组织、个人对参保人缴费的资助，地方政府对参保人的缴费补贴，全部记入个人账户。个人账户储存额每年参考中国人民银行公布的金融机构人民币一年期存款利率计息。

4. 养老金待遇

养老金待遇由基础养老金和个人账户养老金组成，支付终身。

中央确定的基础养老金标准为每人每月55元。地方政府可以根据实际情况提高基础养老金标准，对于长期缴费的农村居民，可适当加发基础养老金，提高和加发部分的资金由地方政府支出。国家根据经济发展和物价变动等情况，适时调整全国新型农村社会养老保险基础养老金的最低标准。

个人账户养老金的月计发标准为个人账户全部储存额除以139（与现行城镇职工基本养老保险个人账户养老金计发系数相同）。参保人死亡的，其个人账户中的资金余额，除政府补贴外，可以依法继承；政府补贴余额则用于继续支付其他参保人的养老金。

上述养老金待遇的领取条件为年满60周岁、未享受城镇职工基本养老保险待遇的农村有户籍的老年人，这些人可以按月领取养老金。与此同时，为维护新型农村社会养老保险制度的长期、可持续性，明确规定新型农村社会养老保险制度实施时，已年满60周岁、未享受城镇职工基本养老保险待遇的老年人，不用缴费即可按月领取基础养老金，但其符合参保条件的子女应当参保缴费；距领取年龄不足15年的，应按年缴费，也允许补缴，累计缴费不超过15年；距领取年龄超过15年的，应按年缴费，累计缴费不少于15年。在此基础上，对长期缴费的农民还给予多得的鼓励。具体鼓励办法由省（区、市）人民政府规定。

5. 基金的管理运营与监督

该《指导意见》规定建立健全新型农村社会养老保险基金财务会计制度。将新型农村社会养老保险基金纳入社会保障基金财政专户，实行收支两条线管理，单独记账、核算，按有关规定实现保值增值。在试点阶段，基金暂实行县级管理，随着试点扩大和推开，逐步提高管理层次；有条件的地方可直接实行省级管理。

各级人力资源社会保障部门承担基金的监管职责，制定完善新型农村社会养老保险各项业务管理规章制度，规范业务程序，建立健全内控制度和基金稽核制度，对基金的筹集、上解、划拨、发放进行监控和定期检查，并定期披露新农保基金筹集和支付信息，以做到公开透明，加强社会监督。财政、监察、审计部门则按各自职责实施监督，严禁挤占挪用，确保基金安全。试点地区新型农村社会养老保险经办机构和村民委员会每年在行政村范围内对村内参保人缴费和待遇领取资格进行公示，接受群众监督。

6. 经办保险业务的管理与服务

《指导意见》规定试点地区要对农村居民参保缴费和领取待遇情况建立参保档案，长期妥善保存。同时建立全国统一的新型农村社会养老保险信息管理系统，将其纳入社会保障信息管理系统（"金保工程"）的建设，并与其他公民信息管理系统实现信息资源共享。也要整合现有农村社会服务资源，加强新型农村社会养老保险经办能力建设，运用现代管理方法和政府购买服务方式降低行政成本，提高工作效率。为了保障新型农村社会养老保险制度功能的正确发挥和基金的合理、高效使用，尤其规定了将新型农村社会养老保险工作经费纳入同级财政预算，不得从新型农村社会养老保险基金中开支。

（二）该制度的进步之处

1. 参保对象的定位准确并兼顾了普遍性

原农村社会养老保险规定的参保对象起始年龄是20岁。而新农保的年满16周岁（不含在校学生）且未参加城镇职工基本养老保险的农村居民，可以在户籍地自愿参加新农保的规定既针对性地指向了需要社会养老保险制度保障的农村居民，也将参保对象的最低年龄扩展到满16周岁。这显然更符合绝大多数农村居民务农的实际起始年龄。这个规定使得农民能够在务农的开始就获得参加农村社会养老保险的资格，力求做到按需保障，使保险范围具有较大的普遍性。

2. 致力于基金来源的多元化

原农村社会养老保险的基金筹集渠道虽然规定了个人缴纳为主、集体补助为辅、国家政策扶持的原则,但由于集体补助和国家扶持的难以到位,事实上绝大多数情况是农民自己缴费的单一渠道,等于是自我储蓄的模式。新型农村社会养老保险的基金由个人缴费、集体补助、政府补贴三个筹集渠道构成。而且鼓励其他经济组织、社会公益组织、个人为参保人缴费提供资助。这种基金的筹集方式一定程度上调动了参保者个人、集体、国家及其他经济组织、社会公益组织、个人等主体的积极性,将筹集基金落实为参保个人、所属集体和国家的义务和责任,从制度设计层面考量了筹集基金主体的充分性。而参保个人从100元~500元5个缴费档次中必选一档缴费,有条件的村集体应当对参保人缴费给予补助,国家对符合领取条件的参保人支付新农保基础养老金或对参保人缴费给予补贴,对重度残疾人等缴费困难人员,地方政府为其代缴部分或全部最低标准的养老保险费等一系列规定,也从质与量两方面争取了负有筹集基金责任的每个主体的基金来源。

3. 明确了在农村社会养老方面的国家义务和责任

农村社会养老保险能够发挥其保障功能的关键因素之一是基金的确保。新型农村社会养老保险在基金来源问题上明确规定了集体和国家的义务,即有条件的村集体应当对参保人缴费给予补助,补助标准由村民委员会召开村民会议民主确定。而国家的义务则体现于政府支付养老金和给予参保人缴费补贴,即政府对符合领取条件的参保人全额支付新农保基础养老金,其中中央财政对中西部地区按中央确定的基础养老金标准给予全额补助,对东部地区给予50%的补助。地方政府应当对参保人缴费给予补贴,补贴标准不低于每人每年30元;对选择较高档次标准缴费的,还可给予适当鼓励。同时对重度残疾人等缴费困难人员,地方政府为其代缴部分或全部最低标准的养老保险费。划分农村社会养老保险各方主体的基金承担义务并明确国家的最终责任,是基金足量筹集、确保养老保险制度正常运行的必要前提。而原农村社会养老保险规定的个人缴纳为主、集体补助为辅、国家政策扶持的养老基金筹集方式,在基金提供义务主体问题上强调的是个人的主要性、集体的辅助性,国家的政策扶持性。这里国家不仅不是提供养老保险基金的主要义务主体,甚至都不是义务主体。国家作为最终责任主体的属性完全没有被重视。这也为原农村社会养老保险的未能持续运行埋下了伏笔。

4. 设立权利义务对应的规则,有助于制度功能的实现

新型农村社会养老保险缴费标准设为每年从100元到500元共5个档次,地方可以增设缴费档次。参保人可自主选择缴费档次,多缴多得。对选择较高档次标准缴费的,可给予适当鼓励,具体鼓励的标准和办法由省(区、市)人民政府确定。对长期缴费的农民还给予多得的鼓励。具体鼓励办法同样由省(区、市)人民政府规定。上述这些规定不仅设定了国家对参保人具有支付基础养老金、给予缴费补贴的义务,同时还进一步承诺在参保人自主选择高档次缴费的情形下,多支付基础养老金和缴费补贴,对长期缴费的参保人也会给予多得的鼓励。这鲜明体现了新型农村社会养老保险在缴费和所得问题上重视权利与义务相对应的原则,既激励了农民长期缴费、多缴费,又对农村社会养老保险制度的有效性和长期可持续运行提供了一定的可能。

5. 重视基金监督与管理的专业性和规范化

新型农村社会保险制度下将基金纳入社会保障基金财政专户,实行收支两条线管理,单独记账、核算,按有关规定实现保值增值。各级人力资源社会保障部门则担负着基金的监管职责,制定完善新农保各项业务管理的规章制度。试点地区新型农村社会保险经办机构和村民委员会每年要在行政村范围内对村内参保人缴费和待遇领取资格进行公示,接受群众监督。对新老两种不同的基金监管和运营制度进行比较,不难看出新型农村社会保险的监管机制力求专业化、规范化,因此也增加了确保基金正常运营并实现保值、增值的可能性。

(三)仍有多个问题需要解决

1. 筹资机制不够健全

新型农村社会养老保险的基金由个人缴费、集体补助、政府补贴三个筹集渠道构成。有条件的村集体应当对参保人缴费给予补助,补助标

准由村民委员会召开村民会议民主确定。地方政府应当对参保人缴费给予补贴，补贴标准不低于每人每年 30 元；对选择较高档次标准缴费的，可给予适当鼓励，具体标准和办法由省（区、市）人民政府确定。而且鼓励其他经济组织、社会公益组织、个人为参保人缴费提供资助。但由于长期以来除了部分发达的农村地区以外，农村经济发展相对缓慢，农民普遍收入偏低，不具备充分的缴费能力。而由于其他经济组织、社会公益组织、个人为参保人缴费提供资助的非常态的特征故不具有可依赖性，所以新型农村社会养老保险的基金更多取决于集体补助和地方财政补贴的多少。就集体补助而言，我国集体经济总量低、多数地区长期发展缓慢，难有足够的资金来补助新型农村社会养老保险。且《指导意见》只规定有条件的村集体应对参保人缴费给予补助，其补助标准也由村民委员会召开村民会议民主确定，所以集体补助部分对基金的积累不具有哪怕是最低限度的绝对保障。如此，只剩政府补贴部分。按《指导意见》硬性规定能够确保的部分是地方政府对参保人缴费按每人每年不低于 30 元的标准给予的补贴。对选择较高档次标准缴费的参保人地方政府可给予适当鼓励，具体标准和办法由省（区、市）人民政府确定。由于地方政府普遍存在财政困难，30 元以上额度的人均补贴和对选择较高档次标准缴费的参保人给予的适当鼓励，由于具体标准和办法由省（区、市）人民政府确定，地方不同、经济条件不同，补贴能力也当然不同，所以有否此部分补贴、补贴多少全是不确定的。综上我们可以看到，集体补助、地方政府补贴的区域差异会带来对不同区域、不同参保人补助和补贴金额的随意性和不公平性。加之地方经济发展的不确定性和中西部欠发达地区在筹资能力上的脆弱性，对养老保险基金的筹集和待遇支付的风险就会长期存在，导致新型农村社会养老保险基金筹集的可持续性欠缺。随着人口老龄化速度的持续加快，新型农村社会养老保险的资金需求会越来越多，积累的资金难以支付养老金的情况也许难以避免，进而降低新型农村社会养老保险的有效性，最终导致制度无法继续。

2. 养老待遇低的主要问题未能解决

新型农村社会养老保险的养老金是由个人账户储存额和政府支付的

基础养老金两部分构成的。个人账户的资金又由个人缴费、集体补助及其他经济组织和社会公益组织及个人对参保人缴费的资助、地方政府对参保人的缴费补贴四个部分构成的。而集体补助与其他经济组织和社会公益组织及个人对参保人缴费的资助是非强制的、不确定的。当集体补助及其他经济组织和社会公益组织及个人对参保人缴费的资助不存在时，个人账户的资金就只有个人缴费积累和地方政府每年对个人缴费的 30 元补贴了。每年 30 元的补贴标准聊胜于无。那么基础养老金的水平如何呢？在基础养老金标准不改变、也没有地方政府的增加或对长期缴费奖励的情况下，能够用制度确保的部分是每人每月由政府支付的 55 元。此种养老金水平的保障程度之低是显而易见的。这种低水平的养老保障不难得出该社会保险制度的政策吸引力不足的结论。基于历史和现实生存环境、生存状态的限制，中国农民更注重能够看得见的利益。原农村社会养老保险的养老功能之不足更为他们提供了经验和教训。尤其是年轻农民，鉴于上述原因本身对长期性的新型农村社会养老保险就采取观望的态度，是否参保以及参保后要否长期缴费都存在很大的不确定性。即使参保，中途退保的可能性也不能排除。加之对个人账户基金安全和保值增值的担心都影响着他们对新型农村社会养老保险的兴趣和热情。如何打消农民的顾虑，使其能真正认识并感受到新型农村社会养老保险对自身养老的有利之处已经是新型农村社会养老保险制度推行中的一个难题。如果养老金水平难以满足参保人养老生活基本需要，则必将直接影响农民尤其是年轻农民的参保意愿，进而导致参保率降低，破坏新型农村社会养老保险的可持续性。

3. 监管机制依然不够完善

首先看经管机制。在保险费的收缴、养老金的发放以及基金的管理和运营等直接接触金钱的环节容易发生贪污腐败问题已无须多言。如果存在经办机构设置不合理、专业人才缺乏、管理体制不完善、监督不到位等情况，势必形成养老保险的经办管理机制空虚，将养老保险基金置于不可控的风险之中。《指导意见》对基金的经办管理方面并没有做出明细的规定。在经管机构设置方面规定了在试点阶段基金实行县级管理，随着试点扩大和推开再逐步提高管理层次；但有条件的地方可直接实行省级管理。可见，新型农村社会养老保险沿袭了原农村社会养老保险以县为单位分散管理的做法。虽然也规定了随着新型农村社会养老保险制度的开展逐步提高管理层次以及有条件的地方可直接实行省级管理，但事实上绝大多数地方还是以县为单位在实施。以县为单位进行基金管理工作必然使基金过于分散，不利于基金的统筹管理和使用，造成成本增加、基金浪费。在基金管理机制上，《指导意见》虽然明确了建立健全新型农村社会养老保险基金财务会计制度，将新型农村社会养老保险基金纳入社会保障基金财政专户，实行收支两条线管理，单独记账、核算，按有关规定实现保值增值。但由于经办机构设置在县级以下，专业经办管理人才不免缺乏，加上管理体制规定的不具体、不完善，在保险费收缴、养老金发放以及基金的管理等多个环节难免形成养老保险基金经管漏洞和问题，将养老保险基金置于不可控的风险之中。

再看监督机制。《指导意见》首先规定各级人力资源社会保障部门承担基金的监管职责，制定完善新型农村社会养老保险各项业务管理规章制度，规范业务程序，建立健全内控制度和基金稽核制度，对基金的筹集、上解、划拨、发放进行监控和定期检查，并定期披露新农保基金筹集和支付信息。其次，沿用一贯的做法，规定财政、监察、审计部门按各自职责实施监督，严禁挤占挪用，确保基金安全。并要求试点地区新型农村社会养老保险经办机构和村民委员会每年在行政村范围内对村内参保人缴费和待遇领取资格进行公示，接受群众监督。这些规定与原农村社会养老保险制度相比明确显示出更加重视了监督机制，这是一大进步。但同时也应看到《指导意见》规定的不足之处。首先，各级人力资源保障部门仍然存在一个分级、分工问题。在监督机制问题上如果规定本身不能有一个标准、集中、一致的内容，用于同样的监督行为上必然产生不一样的结果，那么全国的基金监督效果如何也就难以把控了。其次，财政、监察、审计等多部门都有权各自实施监督对养老保险基金的风险防控理应有利，但如果在各自权限、义务、责任等问题上没有或欠缺法律上的具体明确的规定，很容易因为各部门的利益冲突导致监督重叠、不力甚至缺失等问题，难以高效完成监督职责，反而致使养老保险基金随时都有陷入被挤占、挪用、贪污的风险。

4. 运营机制难以实现基金的保值增值

在基金的运营方面，《指导意见》没有任何具体运营手段、方法的规定，只有一句"按有关规定实现保值增值"的规定。无论哪种社会保险制度，如果参保人的保险待遇的实现不是完全依托现收现付制度的提供，就都离不开保险基金的积累。而要实现保险基金的有效积累就必须要做到基金的保值和增值。新型农村社会养老保险制度的养老金的发放由基础养老金和个人账户积累两部分构成。虽然基础养老金是在参保人领取养老金时由政府财政直接支付，但个人账户中的全部金额（包扩个人缴费、集体补助和地方政府补贴、奖励及其他组织和个人的赠予）基本都要依赖积累形成。伴随着参保农民的增多，积累的基金也会愈加庞大。故这些积累起来的基金的保值增值问题就显得尤为重要。这不仅仅涉及基金本身的安全，更关系到新型农村社会养老保险制度的长期有效管理和持续，关系到自愿参保的农民对新型农村社会养老保险制度的信任和信心。如果基金因不具备一个长期有效的保值增值运营机制，造成重大损失，则大量农民对新型农村社会养老保险制度丧失信任和信心而中途退保的情形就难以避免。《指导意见》对基金的保值增值问题没有科学合理的制度性规定，更没有可据之操作的具体运营方法、手段的规定。加上县级单位缺乏养老保险基金运营的专业人才和非专业操作的盲目性，新型农村社会养老保险基金的保值增值也就难以得到保障了。

三、构建城乡统一的居民养老保险制度

2014年2月21日国务院发布了《关于建立统一的城乡居民基本养老保险制度的意见》（以下简称《意见》）。指出依据《中华人民共和国社会保险法》，总结新型农村社会养老保险（以下简称新农保）和城镇居民社会养老保险（以下简称城居保）试点经验，将新农保和城居保两种制度合并实施，在全国建立统一的城乡居民基本养老保险（以下简称城乡居民养老保险）制度。

《意见》开宗明义,明确指出城乡居民养老保险的宗旨是保障人民基本生活、调节社会收入分配、促进城乡经济社会协调发展。为了充分实现这一主旨,《意见》同时明确以全覆盖、保基本、有弹性、可持续为方针,以增强公平性、适应流动性、保证可持续性为重点,进而全面推进和不断完善覆盖全体城乡居民的基本养老保险制度。在此基础上,对城乡居民基本养老保险制度进展的内容和前景定立了鲜明的任务和目标,即坚持和完善社会统筹与个人账户相结合的制度模式,巩固和拓宽个人缴费、集体补助、政府补贴相结合的资金筹集渠道,完善基础养老金和个人账户养老金相结合的待遇支付政策,强化长缴多得、多缴多得等制度的激励机制,建立基础养老金正常调整机制,健全服务网络,提高管理水平,为参保居民提供方便快捷的服务。到"十二五"末,在全国基本实现合并实施新农保和城居保制度,并与职工基本养老保险制度相衔接;2020年前,在充分发挥家庭养老等传统保障方式的同时,全面建成有社会救助、社会福利等其他社会保障政策相配套的公平、统一、规范的城乡居民养老保险制度,从而更好地保障参保城乡居民的老年基本生活。

(一)城乡居民养老保险制度的内容

1. 参保范围

《意见》规定不包括在校学生在内的年满16周岁、非国家机关和事业单位工作人员及不属于职工基本养老保险制度覆盖范围的城乡居民,可以在户籍地参加城乡居民养老保险。这一规定囊括了不被其他现存养老保险等制度即城镇职工基本养老保险制度和国家机关和事业单位工作人员的退休金制度所覆盖的所有依法有权利和义务参加社会养老保险的人员。由于在校生不属于依法有权利和义务参加社会养老保险的人员,故没有被包含在内。需要明确的一点是,《意见》所指明的这些参保人员参加城乡居民养老保险是"可以",而不是"应该"或"必须"。

2. 基金筹集

城乡居民养老保险基金由个人缴费、集体补助、政府补贴构成。

(1)个人缴费。《意见》对参加城乡居民养老保险的人员规定了明确的缴纳养老保险费的义务。缴费标准现在设置了 12 个档次。分别为每年 100 元、200 元、300 元、400 元、500 元、600 元、700 元、800 元、900 元、1000 元、1500 元、2000 元。同时规定省（区、市）人民政府可以根据实际情况增设缴费档次，但最高缴费档次标准原则上不得超过当地灵活就业人员参加职工基本养老保险的年缴费额。如果省（区、市）人民政府根据实际情况增设了缴费档次要报人力资源和社会保障部备案。此外，在城乡居民养老保险运行过程中，人力资源和社会保障部会同财政部可以依据城乡居民收入增长等情况适时调整缴费档次标准。针对现在和将来调整的缴费档次标准，参保人可自主选择具体档次缴费，多缴多得。关于多缴多得的具体机制，《意见》没有在个人缴费标准内容中规定。

（2）集体补助。集体补助分农村和城镇两种情况。在农村，有条件的村集体经济组织应当对参保人缴费给予补助，补助标准由村民委员会召开村民会议民主确定。在城镇，鼓励有条件的社区将集体补助纳入社区公益事业资金筹集范围。除了集体补助外，鼓励其他社会经济组织、公益慈善组织、个人为参保人缴费提供资助。《意见》对补助的最低金额没有要求，但对补助和资助的最高金额做了明确的限定，即不得超过当地设定的最高缴费档次标准。也就是说统一城乡居民养老保险制度在个人缴费和集体补、资助方面的额度设计目标是要集体补助和其他组织、个人的资助的最高金额与个人缴费的最高金额保持一致。

（3）政府补贴。政府补贴是体现政府在社会养老保险制度中的财政责任的渠道之一。城乡居民养老保险制度中的政府补贴与新农保制度中的政府补贴一样，首先是通过支付基础养老金的方式实现的。《意见》规定政府对符合领取城乡居民养老保险待遇条件的参保人全额支付基础养老金。其中，中央财政对中西部地区按中央确定的基础养老金标准给予全额补助，对东部地区给予 50% 的补助。东部地区另外 50% 的基础养老金则由地方政府支出。其次，通过对参保人缴费给予补贴的方式实现政府的财政责任。《意见》规定，地方人民政府应当对参保人缴费给予补贴。对选择最低档次标准缴费的，补贴标准不低于每人每年 30 元；对选择较高档次标准缴费的，适当增加补贴金额；对选择 500 元及以上档次标准缴费的，补贴标准不低于每人每年 60 元。至于增加补贴的具体标准和办法《意见》明确授权给省（区、市）人民政府予以确定。需要特别指出的是，对重度残疾人等缴费困难群体，《意见》明确规定了地方人民政府为其代缴部分或全部最低标准的养老保险费的财政责任。

3. 建立个人账户

城乡居民养老保险在过去已经取得的成绩的基础上再次明确了建立个人账户的要求。规定将个人缴费、地方人民政府对参保人的缴费补贴、集体补助及其他社会经济组织、公益慈善组织、个人对参保人的缴费资助全部记入个人账户。强调国家为每个参保人员建立贯穿终身记录的养老保险个人账户。所谓终身记录就是将参保时起死亡时止的全部个人账户内容不间断、不疏漏地记录下来，以方便需要时查询、认定并保障参保人的权利和利益。此外，《意见》规定对个人账户储存额按国家规定计算利息。

4. 养老保险待遇及其调整

城乡居民养老保险待遇同新农保的养老金一样，都是由基础养老金和个人账户养老金两部分构成并支付终身。

（1）基础养老金。《意见》规定中央确定基础养老金的最低标准并建立基础养老金最低标准的正常调整机制。即根据经济发展和物价变动等情况，适时调整全国基础养老金最低标准。地方人民政府有权根据实际情况适当提高基础养老金标准。对长期缴费的参保人员，地方政府还可适当加发基础养老金。针对提高和加发部分的资金也规定由地方人民政府支出。具体提高和加发基础养老金的办法由省（区、市）人民政府规定，并报人力资源和社会保障部备案。

（2）个人账户养老金。《意见》规定个人账户养老金的月计发标准，为个人账户全部储存额除以 139。这与新农保和现行职工基本养老保险个人账户养老金计发系数都是相同的。如果个人账户储存额没有发完而参保人死亡的，则个人账户资金余额可以依法继承。这一内容有别于新农保的将个人账户中政府补贴部分除外后的资金余额可以继承的规定。

5. 养老保险待遇领取条件

主要依据年龄情况确定了四种不同的领取条件和待遇。第一种是参加城乡居民养老保险的个人，年满60周岁、累计缴费满15年，且未领取国家规定的基本养老保障待遇的，就可以按月领取城乡居民养老保险待遇。第二种是新农保或城居保制度实施时已年满60周岁，在《意见》印发之日前未领取国家规定的基本养老保障待遇的，不用缴费，从《意见》实施之月起，可以按月领取城乡居民养老保险基础养老金。第三种是距规定领取年龄不足15年的，应逐年缴费，也允许补缴，累计缴费不超过15年，到规定领取年龄时可按月领取城乡居民养老保险待遇。第四种是距规定领取年龄超过15年的，应按年缴费，累计缴费不少于15年，到规定领取年龄时可按月领取城乡居民养老保险待遇。除了第二种情况因没有个人缴费所以领取的待遇只有基础养老金部分外，其余三种情况因为都已经累计缴满了15年的保险费所以领取的养老待遇都包括个人账户养老金和基础养老金两部分。

城乡居民养老保险待遇领取人员死亡的，从次月起停止支付其养老金。《意见》没有设置丧葬方面的养老金待遇。但鼓励有条件的地方人民政府结合本地实际情况探索建立丧葬补助金制度。

6. 基金管理和运营

《意见》规定将新农保基金和城居保基金合并为城乡居民养老保险基金。城乡居民养老保险基金要纳入社会保障基金财政专户，实行收支两条线管理，单独记账、独立核算，同时要完善城乡居民养老保险基金的财务会计制度和各项业务管理规章制度，任何地区、部门、单位和个人都不得挤占挪用、虚报冒领。各地要在整合城乡居民养老保险制度的基础上，逐步推进城乡居民养老保险基金的省级管理。

针对城乡居民养老保险基金如何实现保值增值的问题，《意见》没有明确指出任何具体的内容，只有一句简单的概括即按照国家统一规定投资运营。

7. 基金监督

《意见》明确了各级人力资源社会保障部门作为主要监管部门的地

位，要求其要会同其他有关部门认真履行监管职责，建立健全内控制度和基金稽核监督制度，对基金的筹集、上解、划拨、发放、存储、管理等各个环节进行监控和检查，并按制度规定披露公开信息，接受社会的监督。至于需公开的信息内容和程度则没有具体的要求。财政部门、审计部门则按各自职责，对基金的收支、管理和投资运营情况实施监督。对虚报冒领、挤占挪用、贪污浪费等违纪违法行为，有关部门按国家有关法律法规严肃处理。《意见》同时倡导要积极探索有村（居）民代表参加的社会监督的有效方式，以做到基金公开透明，让制度在阳光下运行。

8. 经办管理服务与信息化建设

针对城乡居民养老保险的经办管理服务工作，《意见》明确了省（区、市）人民政府的主要职责。要求省（区、市）人民政府要切实加强城乡居民养老保险的经办能力建设，具体要结合本地实际，在科学整合现有公共服务资源和社会保险经办管理资源的基础上，注重充实加强基层经办力量，实现整个城乡居民养老保险经办工作的精确管理、便捷服务。不仅如此，同时还要求工作中注重运用现代管理方式和政府购买服务方式，降低行政成本，提高工作效率。为此，《意见》强调要加强城乡居民养老保险工作人员专业培训，不断提高公共服务水平。除此之外，《意见》还要求社会保险经办机构切实做好基本工作，认真记录参保人缴费和领取待遇情况，建立参保档案，按规定妥善保存。至于经办机构工作所需的必要场地、设施设备、经费保障，《意见》明确规定均由地方政府负责，命令"城乡居民养老保险工作经费纳入同级财政预算，不得从城乡居民养老保险基金中开支。基层财政确有困难的地区，省市级财政可给予适当补助"。

针对城乡居民养老保险的信息化建设工作，《意见》要求各地要在现有新农保和城居保业务管理系统基础上，整合形成省级集中的城乡居民养老保险信息管理系统并纳入"金保工程"建设，同时与其他公民信息管理系统实现信息资源共享。在此基础上，要将信息网络向基层延伸，实现省、市、县、乡镇（街道）、社区的实时联网，有条件的地区还可延伸到行政村。另一方面要大力推行全国统一的社会保障卡，方便参保人持卡缴费、领取待遇和查询本人参保信息。至于上述工作的进展程度和完成的时间要求，《意见》都没有明确规定。

9. 转移接续与制度衔接

首先是城乡居民养老保险制度内部的跨地区转移接续问题。《意见》分别从两种不同情况作了相应的规定。一种是参加城乡居民养老保险的人员在缴费期间因户籍迁移需要跨地区转移城乡居民养老保险关系的，规定可以在迁入地申请转移养老保险关系。可转移的款项和数额为一次性转移个人账户全部储存额，转移后按迁入地规定继续参保缴费，缴费年限累计计算。另一种是参加城乡居民养老保险的人员已经按规定领取城乡居民养老保险待遇的，无论户籍是否迁移，其养老保险关系都不能转移。

其次是城乡居民养老保险制度与其他社会保障相关制度间的衔接问题。对此问题《意见》只作了原则性的规定，即城乡居民养老保险制度与职工基本养老保险、优抚安置、城乡居民最低生活保障、农村五保户供养等社会保障制度以及农村部分计划生育家庭奖励扶助制度的衔接，按有关规定执行。

（二）城乡居民基本养老保险制度的意义

首先，明确了前所未有的制度理念和定位。

城乡居民养老保险与从来的中国农村社会养老保险不同，首次将农民与城市居民并行纳入到保险对象之列，将农民的利益与城市居民的利益共同考虑，提出中国农村社会养老保险制度前所未有的全覆盖、保基本、可持续的制度建设理念，具有突破性、划时代的理论和现实意义。而建立与职工等基本养老保险制度相衔接，与社会救助、社会福利等其他社会保障制度相配套的统一、公平、规范的城乡居民社会养老保险制度则鲜明地确定了这一制度在我国整个社会保障体系中的合理位置。这种理念和定位是城乡社会养老保险发挥其调节社会收入分配、全面而公平地保障城乡居民尤其是农民的老年基本生活的功能，从而促进城乡社会协调发展的基本前提。

其次，第一次从制度上实现了城乡居民社会养老保障权的一致性和平等性。

我国宪法和法律从未对公民享有的社会保障权予以区别对待或进行歧视性的规定。向一国公民提供公平的社会保障服务也早已被国际社会公认并成为各国社会保障制度建立和发展的趋势。虽然我国农村社会养老保险制度已有多年的实践和探索，以城镇职工和居民等的养老保险制度为主的中国社会养老保障制度体系也早已基本成型，相应社会保障能力也日益增强，但一直没有从制度上把农民与城镇职工、居民等的社会养老保障问题同权、同等、公平地对待。从制度定位、待遇标准、监管服务、信息建设等各个方面都进行了分别设定、区别对待。而城乡居民社会养老保险制度的建立首先确立了城乡居民在社会养老保障方面平等的权利，为城乡居民提供了同等的机会。城乡居民社会养老保障制度上这种平等性的确立既可以调解城乡收入分配不公，缩小城乡贫富差距，推动城乡二元社会结构的打破，更是在建设公平的社会养老保障体系、实现基本公共服务均等化之路上迈出了坚实的一步。

再次，标志着我国统一、规范、公平的养老保障体系初步确立。

长期以来我国社会养老保障制度都存在着碎片化的问题。尽管多年来不断地研究探索，但问题一直没能得到解决。统一城乡居民基本养老保险制度的建立终于把最难整合的建立在不合理的二元社会基础上的各自独立、有失公平的相关保障制度统合在一起，让农村与城市同步、农民与居民共享养老保障的权利，同获社会收入再分配的利益，由此解决了养老保险制度因城乡二元社会带来的碎片化问题。由于我国已经建有针对城镇职工的社会养老保险制度，同时正在针对机关事业单位工作人员建立社会养老保险制度，加上此次统一城乡居民养老保险制度的建立，可以确定我国已经初步建成覆盖所有被保险对象类别的统一养老社会保障体系。这是我国养老社会保障事业的一大进步，是我国建立统一、规范、公平、水平合理且可持续的社会养老保障体系的制度基础。

当然，统一城乡居民社会养老保险制度仍有些问题亟需解决。比如缴费档次设定方法不灵活，缴费水平总体过低，缴费激励机制虽有设计但效力不够。因为缴费水平有限，所以养老金水平也会当然受到限制。

在保险基金管理、保值增值以及监管方面，由于基金经办、管理、运营及监控制度的设计与实施都在各级人力资源和社会保障部门内部，等于自己做事自己监控，难免各自为政，缺乏全国统一的法律约束。加之缺乏具体可行的有效措施来解决以往已经出现和将来可能出现的各种问题，致使效果难以预料。随着统一城乡居民养老保险、城镇职工养老保险、机关事业单位工作人员养老保险制度的不断改进、整合和完善，随着养老保险制度省级统筹乃至全国统筹的逐步实现，我国有望在不远的将来，建成一个统一、规范、公平、水平合理、可持续的养老保障体系。

机构养老模式下老年人社会参与问题研究

——以海淀区某敬老院为研究对象

学　　生　邓梦龄
指导教师　韩　芳

摘　要：本文旨在分析机构养老模式下老年人社会参与的问题。基于对海淀区某敬老院15位老年人的社会参与一对一访谈记录的研究发现：机构养老模式下老年人社会参与的积极性严重低下，个人价值感严重缺失。产生这一现象的原因在于社会文化的不支持，养老机构制度设置的呆板化，个人"老人无用论"偏执思想的存在。本研究针对这些原因，从个人、文化和社会三个层面提出解决对策。

关键词：机构养老模式　老年人社会参与　老年社会工作

前　言

随着2000年中国老龄化社会的到来，独生子女的增多，"四二一"所构成的金字塔型的家庭结构日渐成为主体，加之年轻一代的子女迫于经济压力外出打工谋生活，"空巢"老人的现象无论在城市还是在农村日渐明显，家庭养老功能日益弱化，已不足以满足整个社会的需求，所以机构养老应运而生，来填补家庭养老功能的缺失。

这些年来，国家和民间都大力兴建养老机构，尽力去满足老年人这一庞大的养老需求。然而在满足老年人精神需求方面并不完善，譬如在老年人的社会参与方面就做得不够好。中国大部分养老机构都采取封闭式管理，一方面是为了老年人的安全考虑，另一方面是为了机构的风险考虑。这样做的一个弊端是老年人丧失了自由的空间，弱化了老年人的社会参与功能，淡化了老年人的权利意识，断绝了老年人原先的生活圈子。经访谈老年人可知，大部分老年人并没有意识到这种情况，反而也习惯了这种饭来张口，衣来伸手的"平淡"的生活，个人社会参与意识有待提升。对整个社会来说，"老有所乐，老有所为"观念也应当被重视，让老年人不再碌碌无为，不再每天像僵尸般地生活，提高老年人的社会参与，为社会做出自己的一份贡献，来实现老年人自己的社会价值。

2000年，"积极老龄化"被提上联合国的日程。❶ "积极老龄化"是从三个方面来定义的：健康、参与、保障。这三个方面从肯定老年人的社会价值出发，认为这不仅仅是老年人的需求，也是老年人应得的权利。主张让老年人重归社会，从个人社会参与的提升到在经济政治领域的权利提升，来发挥其自身的价值。

综上所述，中国已进入老龄化社会，并且有加重的趋势。老年人人数的急剧增多，国家和政府也不得不去面对"老龄化"这个严峻的问题。这几年国家和政府也出台了一系列的政策去缓解这个压力。例如，延长退休年龄。可见国家和政府解决这个问题的急迫性，这也印证了老年人这一庞大的人群所产生的社会压力之大。国外更加重视老年人社会参与的实现，在社会参与中去实现老年人的社会价值，从而发挥巨大的社会的能量。这一点我们可以借鉴。

至此，本文运用访谈的定性研究方法，以海淀区某敬老院的老年人为调查对象，从个人层面、文化层面、社会层面分析出机构养老模式下老年人社会参与积极性低的原因主要是个人价值感的缺失，养老机构制度设置的呆板化，公众观念的"老年人无用论"的渗透。对此，笔者提出提高老年人的个人价值感，提高老年人的社会政治、经济、文化的参与能力，养老机构制度的设置应尊重老年人的权利，公众对"老年人无用论"观念的转变，出台一系列促进老年人社会参与的政策，改变其社会地位，提供再教育的学习机会等建议，希望能为政府及相关部门建言献策，提高老年人社会参与的积极性，实现其社会功能，有效地缓解老龄化压力。

---

❶ 联合国《2002年马德里老龄问题国际行动计划》中，把"独立、参与、照顾、自我实现、尊严"确立为21世纪老龄问题行动计划的基本原则。

一、概念界定与相关理论

(一) 相关概念

1. 机构养老模式

中国的机构养老兴起于 20 世纪 50 年代后期。由于空巢家庭越来越多，传统的家庭养老模式受到冲击，家庭养老的功能也在逐渐退化，从而推动了机构养老的发展，这对那些空巢家庭的老人来说是一个优质的选择（李翌萱，2009）。最近几年，养老院的床位需求远远大于可以供应的，其专业化程度赶不上其人数的增长，实行一刀切，导致老年人的精神需求得不到满足，更谈不上社会参与积极性的提升。

2. 老年人社会参与

20 世纪美国著名社会学家、芝加哥大学的欧内斯特·W. 伯吉斯（Ernest W. Burgess）将象征互动理论中的社会参与概念引入老年研究领域。❶

"社会参与"在工具书中的解释：关于受众权利的一种理论，又称参与权，指受传者有权参与大众传播活动，即他们不仅有权从大众传播媒介上获得有关信息，而且有权作为传播者而使用大众传播媒介。从"社会参与"的概念可以得出，社会参与是一种公民的权利，社会参与积极性的提高，是一种公民权利的实现。而老年人也属于公民，也有资格去争取社会参与权利的实现。

国内外对老年人社会参与的概念有不同的解释。从国外对社会参与概念的界定，可以看出，社会参与包括以下三个方面：个人价值层面，即社会参与是体现参与者价值的；互动层面，即社会参与是与他人联系的，非孤立的；社会参与是在社会层面开展的。❷

国内对社会参与概念的研究是从"老有所为"观念的提出而开始的。早期的老年人的社会参与主要是对老年人这一社会资源的充分挖掘和利用，实现老年人的"老有所为"，为社会做出一定的力所能及的贡献，从

---

❶ 戴维·L. 德克尔. 老年社会学 [M]. 天津：天津人民出版社，1986：5.
❷ 李宗华. 近 30 年来关于老年人社会参与研究的综述 [J]. 东岳论丛，2009，30（8）：60.

而提升其自身的社会价值感。

不管是国外对老年人社会参与三个层面不同的论述，还是国内"老有所为"的观念，都无不体现了老年人社会参与的重要性，这不仅提升了老年人自身的价值感，更彰显了社会对老年人的人文关怀。

（二）相关理论

本文主要研究机构养老模式下老年人社会参与的问题，对这个问题从多个方面进行分析，理论的运用为本文问题的分析和对策的提出提供了很好的支撑。

1. 反压迫社会工作理论

反压迫社会工作理论重点在于挖掘资源分布的差异，理解不同的资源是怎样在社会互动中获得/丧失权力。资源少的人群被排斥，成为弱势群体。❶ 压迫会发生在三个层面：个人层面、文化层面和社会层面。个人层面包括个人意识的提升以及人际关系的好与否；文化层面包括人与环境互动的规则；社会层面是指社会结构、社会规范和社会秩序。

笔者认为，反压迫社会工作理论对于本文所研究的机构养老模式下老年人社会参与积极性低下的问题有很好的解释作用。机构养老模式下的老年人面临着三个层面的压迫：个人层面、文化层面和社会层面。个人价值感的缺失，机构制度设置呆板化和公众"老年人无用论"的渗透，导致了老年人社会参与积极性的低下。社会工作者可以从这三个层面进行介入，提升老年人的个人价值感，制定人性化的机构制度和转变公众的传统观念，形成一个有利于老年人发展的好环境，从而提高老年人社会参与的积极性。

2. 优势视角理论

优势视角理论强调关注案主在与你互动过程中所呈现出的优势、能力、资源以及成就，而不是聚焦于案主的问题、不足以及标签，从而激发人内在的潜能，发挥个人的价值。

笔者认为，根据埃里克森的八阶段理论，最后一个阶段（65岁以

---

❶ Neil Thompson. Anti-Discriminating Practice [M]. 1992.

后），即成熟期，是自我调整与绝望期冲突的阶段。老年人就属于这一阶段。大多数老人觉得老了没意思，悲观绝望，是因为绝望大于自我调整。一个老人若能自我调整好，他将获得超脱自然智慧的品质，相反，则郁郁寡欢。在自我调整的过程中，如果社会能提供一个包容的环境，发现老年人存在的价值，引导他们去发现他们的有用感，搭建老年人与社会的互动桥梁，老年人就能很好地度过这个困难期。

二、城市机构养老模式下老年人社会参与的现状

为了更准确地了解当前城市机构养老模式下老年人社会参与的现状以及需求，笔者对北京市某敬老院随机抽取的15位老年人进行了一对一的个案访谈，其中包括20个非结构性的问题。为了更准确地了解机构所能给老年人提供的社会参与的机会，笔者对机构里的主任进行了个案访谈，其中包括10个非结构性的问题。通过对老年人和机构主任的访谈结果分析，笔者发现老年人的需求和机构所能提供的社会参与的机会存在不对等的情况，存在较大的缺口，结果就是老年人心理落差大，机构的某些功能空间尚未充分利用。笔者将从以下四个方面对老年人社会参与的现状进行描述，描述的方式有表格和访谈记录。

（一）老年人参与社会活动的调查

在老年人人数急剧增加的大背景下，机构养老模式下老年人的社会参与积极性严重低下。由表1可知，在被访谈的15人中，只有2人经常参加活动，5人从不参加，有8人偶尔才会参加，分两种情况：感兴趣的活动和机构组织的要求每个老年人都要参加的活动。这说明大部分的老年人不愿意参加活动，参加活动的积极性不高。

表1 参加活动的频率

参加活动的频率	不参加	偶尔（感兴趣）	偶尔（机构组织）	经常（只要有活动就会参加）
人数（人）	5	2	6	2

笔者从15个访谈对话中，挑选了4个人：从不参加活动的、偶尔参

加活动的（感兴趣的和强迫的）和经常参加活动的。在笔者询问："平时您积极参加在养老院开展的活动吗?"（被访者的回答如访谈资料1、访谈资料2、访谈资料3、访谈资料4所示）

被访者1（男）：年龄74岁，大学文凭，乐观健谈，爱写字，爱看报，腿脚不太方便，需拄拐棍，学识渊博。

访谈资料1

（爷爷笑了一下）我从来不参加，觉得开展的活动没意思，都是一些剪纸、画画等这些没用的活动。还有我腿脚不太方便，我喜欢在屋里看看电视，写写字，看看报纸，能学到更多。

被访者2（男）：年龄73岁，没读过书，性格乐观，喜欢在走廊坐着，喜欢热闹，很可爱的爷爷，每次开展活动都能看到爷爷的身影。

访谈资料2

只要有活动我都会参加，一个人待着很无聊，我喜欢很多人在一块儿，写写画画，唱唱歌，我很开心你们这些大学生经常过来，多开展一些活动。给我们带来年轻的活力。

被访者3（女）：76岁，喜欢画画的奶奶，每天都坚持画画。

访谈资料3

我感兴趣的才会去参加，像画画。其他我不感兴趣的，我不会去参加，因为我不会那些，去了怕人家笑话。以后看能不能多开展一些画画的活动？

被访者4（女）：85岁，性格有点内向，感觉不太好亲近。

访谈资料4

不会。每次都是那些工作人员硬推着我去的。去了之后待了不久，我就要喊着回来（不乐意）。

从访谈资料分析可知，性格的内向或外向是影响社会参与积极性的原因之一，大部分性格外向的老年人都倾向于参加活动。除了性格方面的原因，对开展的活动的态度和看法也是原因之一。从不参加活动的5个老年人，有3人都认为开展的活动都太简单，纯粹浪费时间。有2人是感兴趣的才去参加，建议可以多开展一些兴趣小组，以提高老年人的参与积极性。

（二）老年人与家人朋友的联系以及关系

由表2"老年人与家人朋友联系的频率分布表"可知，老年人进了养老机构后，相对于与朋友的联系来说，与家人的联系还是居多的。只是老年人进了养老机构后，由于孩子们工作繁忙，探望老人的机会少了很多，只是有时间才会过来，偶尔探望。老年人与朋友的联系严重偏少，彼此从不联系的达到了10人，偶尔联系的有4人，经常联系的只有1人。

表2 老年人与家人朋友联系的频率分布表

	从不	偶尔	经常
与家人的联系（人）	0	10	5
与朋友的联系（人）	10	4	1

笔者询问："家人或朋友多久联系您一次？或来看您？"被访者的回答如访谈资料1、访谈资料2所示。

访谈资料1

我儿子周末才会过来看我，因为现在我儿子工作压力挺大的，要养一大家子，他周末才有时间。在进养老院之前，朋友还挺多的，天天跟他们去跳广场舞，跟他们关系很好，只是现在搬进来了，这儿也不让随便出去，跟他们也就断了联系。其实很想他们的，挺想念那个时候的时光，很自由。现在的我就想待在屋里，也不想动了。

访谈资料2

我儿子和女儿会经常来看我，还有我孙子经常会从山西那边给我寄拼图和剪纸过来，他说让我多动动脑。他们很孝顺。没事的时候，我会剪剪纸。挺开心的。与朋友就没联系了。也没有途径去联系，时间久了，打电话也没话说。

从访谈资料分析可知，老年人在养老院的生活其实挺孤单的，干什么事也是一个人，没人说话，也没个知心朋友。家人的繁忙，少了陪伴的机会，与家人的沟通交流也在变少，家人的情感支持也在慢慢缺失。

大多数的老年人在进养老院之前有自己的朋友圈子,有自己的活动计划,像跳广场舞、打麻将、为家人煮饭等,自从进了养老院,就少了自由的空间,也与朋友们断绝了联系。

社会支持理论认为,人在社会上生存,会有自己的圈子,会在你困难的时候给你社会支持,包括情感支持、经济支持等。人到了老年,身心体能都有所下降,做事已不像年轻人那么敏捷,凡事都需要别人的帮助,老年人一旦遇到困难,亲朋好友对其的关怀就不可少,不然老年人就会感到孤单无助。老年人有了自己的朋友圈子,也会一定程度地提高老年人社会参与的激情与动力。朋友越多,老年人晚年会越具有一定的幸福度。

(三)兴趣爱好的发展,促进社会参与

由表3可以看出,有10个老年人是没有兴趣爱好的,仅有5个老年人有兴趣爱好,有喜欢画画,有喜欢写毛笔字等。这说明大部分老年人在养老院的生活是很无聊的,更谈不上个人价值感的提升。

表3 兴趣爱好发展的情况

	没有兴趣爱好	有兴趣爱好
人数(人)	10	5

兴趣是最好的老师。一个人有了某种兴趣爱好的陪伴,到了老年就不会那么无趣。兴趣爱好的发展需要环境的支持,因此养老院应支持老年人兴趣爱好的发展,提供一些发展空间,譬如有某一固定的时间去发展老年人的兴趣爱好,这对提高老年人的社会参与积极性很重要。访谈的15个人当中,有的老年人爱好画画,爱好写毛笔字,爱好写钢笔字,爱好弹琵琶等。可以发现那些有自己兴趣爱好的老年人参与活动的积极性很高,看问题很乐观;而那些没有自己兴趣爱好的老年人则喜欢待在房间。多培养老年人的兴趣爱好或者提供空间去发展老年人的兴趣爱好,是提高老年人晚年幸福度的一种很好的方法,这也会提高老年人的社会参与度。

（四）再教育的机会越多，社会参与积极性就越高

笔者询问："敬老院之前是否开展过一些学习的讲座，包括如何照顾自己，学习一些新的东西？可以举一下例子吗？"被访者的回答如访谈资料所示。

被访者：机构主任。

访谈资料

我们这儿很少举办一些适合老年人的学习讲座，开展最多的就是一些大学生志愿者弄的一些绘画活动、剪纸活动等，来参加都是固定的一些老年人，说实话，这对老年人的个人提升没有任何用处。

从机构主任的访谈记录可知，由机构开展的一些具有专业性的再教育学习活动几乎没有，有的几乎都是那些没有任何专业含量的简单活动。老年人再教育的机会很少。非正规的老年教育以时间灵活、参与性以及成本低等特点，能更好地符合老年人再教育的需求，这一观点的提出增加了老年人社会参与的机会。再教育包括老年大学的开展等各种旨在促进老年人再教育的措施。访谈结果显示，老年人一致反映，养老院很少开展培训技能以及学习知识的活动，开展最多的只是一些小儿科的活动，大家觉得学这些没什么用处，也就失去了参加活动的兴趣。

三、机构养老模式下老年人社会参与存在的问题及原因分析

（一）存在的问题

1. 机构养老模式下老年人个人社会参与能力被限制

老年人再教育途径的缺乏、个人参与意识的低下和兴趣爱好的缺乏，影响了老年人社会参与能力的发挥。老年人再教育途径的缺乏，让老年人丧失了学习的机会，不学习就不会进步，天天想着生老病死。而再教育学习的开展，可以让老年人转移注意力。既提供学习的机会，又让老年人了解到外面的世界。

由上面的统计和访谈结果分析可知，进入养老机构的老年人容易安于现状，喜欢一个人待在房间里睡觉，吃喝有人提供，什么都不用自己动手，安逸的生活磨灭了他们的权利意识。

中国的养老机构起步较晚，尚未成熟，在管理机构以及如何最大限度发挥老年人的主观能动性方面还有所欠缺。目前中国的养老机构侧重于满足老年人的物质需求，却忽视了老年人精神方面的渴求。访谈结果显示：老年人一致反映他们进入养老院后没有达到他们的期待，与自己想象的有很大区别。养老院提供的只是单纯的照顾，而忽视了老年人真正的需求：想要有个幸福的晚年，而非枯燥的晚年。环境的缺失，造就了他们个人能力发挥的不足。系统理论认为环境会影响人，要把人放在环境中对待。一个养老院就是一个社会，在其中的制度、规范、文化都会影响里面生活的人群。在一个只是纯粹把老年人当做不会思考的人群来看的养老院，老年人个人的福利以及幸福感只会随着时间慢慢流失。

2. 机构养老模式下老年人互助网络的缺失

由上面的访谈资料分析可知，老年人与家人的联系也日渐变少，家人对老人的情感支持也在缺失。与朋友的联系更是少之又少。互助网络随着年龄的增长也在简化。老年人可以依靠的关系仅有与家人的偶尔联系。在这种情况下，去提高老年人社会参与的积极性就尤其重要，在参与社会活动的过程中，弥补家人、朋友关系的缺失。

老年人一旦进入养老院，与社会联系的途径就会减少，而养老院这个大的环境也没有提供与社会沟通的机会，随之老年人就会成为一个个孤立的个体，与社会隔绝。与朋友联系变少，与家庭联系变少，发展兴趣爱好也没有空间，老年人脱离了社会这个大的环境，没法吸取营养，也没法自己成长，自然无法拥有一个幸福的晚年。

3. 机构养老模式下老年人社会活动参与积极性低下

由表1和访谈资料分析可知，只有2个老年人经常去参加活动，大部分老年人认为活动很幼稚，从来不去参加，这导致了老年人社会活动参与积极性低下。老年人参与机构组织的活动，也可以从中学习到一些东西。如何去提高活动的吸引力，提高老年人参与活动的积极性是值得重视的问题。

衡量社会参与度的一个重要因素就是社会政治参与度。入住养老机构的老年人社会参与保障低，社会政治参与机会缺失，他们事事被排除在外,丧失了参与的权利。社会政治参与度的降低,使得老年人处于一个极其被动的地位。

(二) 原因分析

1. 个人角度——个人价值感的缺失

笔者询问:"您觉得在敬老院的生活怎么样,觉得很难熬吗?还是没事干?"被访者的回答,如访谈资料1、访谈资料2、访谈资料3所示。

访谈资料1

老了没意思。在这儿还行吧,有吃有喝,还不用自己动手。天天就像这样的度过一天,没事去走廊坐一坐,待着(表情有点僵硬)。

访谈资料2

老了腿脚也不方便,这儿疼,那儿疼,孩子们看我那么痛苦,我也很痛苦。想干什么也不能干,只能在屋里面走走。也没人说话聊天。

访谈资料3

过一天是一天吧,孩子们现在也很少来看我了。天天待着很无聊,之前还有人陪我跳广场舞,现在跳也跳不动了,也没地方跳。朋友们也不联系我了,即使联系了也说不上话了。

从这三个访谈资料分析可知,大部分的老年人个人价值感都偏低,情绪低落,觉得生活没意思。个人价值感的缺失也导致了老年人社会参与积极性的严重低下。

2. 文化层面——养老机构制度设置的呆板化

笔者通过对海淀某敬老院长达一个多月时间的深入了解,发现其制度设置的不合理。从护工专业技能的缺乏,到活动设置的不合理,都可以体现出来。

第一,护工专业技能的缺乏。机构没有设置护工专业技能培训的制度。其次,护工大多是一些中年妇女,缺乏工作的热情。护工是否对老年人护理得好,是否能及时回应老年人的需求,这在一定程度上也影响了老年人社会参与的积极性。

笔者询问:"这儿的护工是通过什么样途径招来的?是否会有护工的专业技能培训?"被访者的回答,如访谈资料所示。

访谈资料

这儿的护工大多是外来人员，属于合同工，工资很低。大多都是中年妇女。也没有针对护工的专业技能培训，他们做事大多是靠经验。他们平时的任务就是帮助老年人洗洗脚，拖拖地，陪老人上厕所，剪剪指甲，这些都不需要专业的技能。更何况，政府对护工的专业技能培训也没有制度的建立。所以，老年人的一些精神需求，护工往往不能及时察觉。

第二，活动设置的不合理。机构开展的活动大多背离老年人的需求，更多是为了完成任务而开展活动。其次，这些活动大多数由大学生志愿者开展，大多是一些唱歌、跳舞、绘画等重复开展的活动，已丧失了其吸引力。最后，大学生志愿者的志愿活动并不是长期性的，暂时的志愿活动会让老人觉得自己也只是完成任务。这些都会严重影响老年人社会参与的积极性。

笔者询问："在敬老院开展的活动是否适合老年人的兴趣？"被访者的回答，如访谈资料所示。

访谈资料

在敬老院开展的活动大多数是一些唱歌、跳舞等重复性的活动，这在一定程度上会让老年人觉得很厌烦。

笔者询问："之前访谈过老人，说开展的活动有点少，闲着，敬老院接下来如何努力改善这种情况？"被访者的回答，如访谈资料所示。

访谈资料

老人们觉得活动开展得少，可能是因为开展的大多数活动都不符合他们的兴趣。其次，就是那些大学生志愿者只是短期性的志愿服务，可能活动的衔接性不大。

3. 社会层面——公众观念"老年人无用论"的渗透

公众"老年人无用论"的传统观念根深蒂固。认为只要人老了，一大堆病，这不能做，那不能做，就坐着等死了。其实这种观念是错误的。老年人只要自我调整得好，就能成为一个智慧的人，还能为自己、家人和社会做出力所能及的贡献，实现个人的价值感。外界观念文化对老年人的影响是巨大的，影响着老年人对自身的看法。老年人被贴上弱势群体或边缘群体的标签,这在一定程度上也会降低老年人社会参与的积极性。通过非随机抽样的方法,对几位群众做了以下的访谈。

笔者询问:"你对老年人持什么样的态度?"被访者的回答,如访谈资料所示。

访谈资料

之前有看过老人故意倒地讹人的事件,就觉得现在的老人不容小觑,一不小心你就摊上事了。其实人老了也挺可怜的,躺在床上,什么事都不能做。很难想象我老了后的样子。

笔者询问:"老人是弱势群体吗?"被访者的回答,如访谈资料所示。

访谈资料

当然是,需要人去帮助。老了腿脚也不会那么方便了,什么事都得靠家人,严重的还得靠政府救济。我们需要去关怀他们。

四、加强机构养老模式下老年人社会融入的对策及建议

上述原因的分析只是笔者一点浅薄的理解。但是从一定程度上还是能够反映一些老年人社会参与权利的丧失。总体而言可以从个人层面、文化层面和社会层面三个方面分析原因,最突出的问题就是个人参与能力被限制、机构制度设置不合理以及公众传统观念的渗透导致了机构养老模式下老年人社会参与积极性严重低下的问题。

针对上述原因,笔者从个人、文化及社会三个层面提出建议,以期为政府及相关部门建言献策。

(一)个人层面——提高老年人自身的参与能力

在个人层面,笔者主要从个人参与权利意识的提升、再教育机会的增多以及兴趣爱好的挖掘和发展这三个方面提出建议。

1. 提升老年人自身的参与权利意识

参与权利意识包括社会政治参与权利意识、社会经济参与权利意识和社会文化参与权利意识。笔者认为有了参与权利的意识,才会选择去参与一些社会活动。而机构养老模式下老年人社会参与积极性低下的一个最主要的意识层面的原因就是:老年人根本就没有认识到自己权利的

丧失，所以就更谈不上社会参与了。这可以通过以下途径来提升老年人自身的参与权利意识：第一，政府层面的宣传。政府根据老年人这一人群的需求，进行项目招标，大力发动社会组织的参与。第二，居委、村委的宣传。以养老机构为单位，对老年人进行参与权利意识的扫盲。第三，社会工作者参与。社会工作者在开展老年人活动时，融入参与的概念，进行小组形式的宣传。

2. 增加针对老年人再教育的机会

再教育机会的提供，让老年人在学习中进步，在进步中学习，提供给老年人一个上升发展的空间。在再教育的过程中，老年人也可以结识自己的兴趣伙伴，丰富自己的社会支持网络，这在一定程度上也会提高老年人社会参与的积极性。

第一，开展"老年大学"，以课程的形式进行教学。

第二，开展技能型小组，如：剪纸、绘画等。

第三，开展健康型的课程，学习生活技能。

3. 挖掘并发展老年人的兴趣爱好

"兴趣是最好的老师"，老年人可以在自己的兴趣爱好中找寻到自己的个人价值，从而实现个人参与能力的提高。

在被访谈的15人中，拥有自己爱好的老年人大多愿意走出来，去参加一些活动，积极性也很高。兴趣爱好的发展，对老年人社会参与积极性的提高有很大的促进作用。

第一，了解每个老人基本情况，成长经历，平时的活动等。

第二，把一些具有特长的老年人聚集起来，组成一个兴趣小组。

第三，请专业的老师过来教学，发展成为一支具有特色的队伍。

第四，维持并发展这支特长队伍。

（二）文化层面——养老机构制度的设置应尊重老年人的权利需要

首先，机构活动的安排大多数不符合老年人的需求和爱好，要不就是重复的活动，要不就是很简单的活动，或一些无聊的说教活动。其次，志愿者的流动性大。志愿者以大学生居多，但是志愿活动的时间极其短暂，让老人觉得在敷衍。最后，护工专业技能的缺乏。不能及时觉察到老年人的真实需要。

第一,活动的设置应新颖,融入趣味性,并符合老年人的需求。

第二,制定志愿者管理的制度,实行长期性的志愿服务。

第三,实施护工技能的培训,发展骨干护工,成立护工的管理队伍。

(三)社会层面——转变社会公众"老年人无用论"观念

"老年人无用论"在公众的心中已根深蒂固,这是中国传统的观念。但这证明是错误的。老年人是智慧的化身,他有几十年的生活经验以及人生体悟,这就是一笔宝贵的财富,等待着社会去发掘。"老有所为"讲的就是老年人应力所能及地去为社会做出自己的一份贡献。

"人在环境中",社会文化氛围的好坏,会影响老年人社会参与积极性的高低。所以公众作为一个旁观者,他们的思想观念尤其重要,影响着老年人对自己的看法。

第一,国家政府的重视。从大政策上面改变,不仅仅是满足老年人的物质需求,精神需求也不容忽视。

第二,宣传"老有所为"的观念,鼓励老年人去做一些力所能及的事。

结 论

本文主要研究的是机构养老模式下老年人社会参与所存在的问题,以及针对这个问题所提出的一些具有建设性的对策或建议。不让老年人成为弱势群体或边缘人群,实现老年人的社会价值,让这个庞大的群体也能为这个国家做出一份贡献,而不是成为这个社会的包袱。

从个人、文化和社会三个层面来分析,老年人的生活环境存在着三个方面的压迫,以致社会参与的动机不够。

第一,个人方面。老年人潜意识认为自己老了就没有用了,只能静等死亡。社会参与意识的缺乏是导致老年人社会参与度低下最主要的原因。如何让老年人意识到自己独特的价值,提高他们的价值,是我们值得思考的问题。从宣传到整个社会气氛的改变,以及公众观念的转变是个艰难的过程。

第二,文化方面。这里的文化主要是指养老机构的文化以及整个社会的文化环境。养老机构的文化是指机构规则、机构组织的活动以及志愿者的流动。机构规则的设定应考虑到老年人主观能动性的发挥以及老年人的活动自由度。机构组织的活动安排应考虑到老年人的参加适宜度以及多样化。最后，应避免志愿者流动频繁，志愿者应形成一定的持久性。整个社会的文化环境主要是指公众对老年人的一贯看法——无用，这种观念应改变，形成一种友善、和谐的氛围。

第三，社会方面。主要是国家对老年人政策的变动。中国正面临严重老龄化，如何实现积极老龄化，如何发挥老年人的最大潜力，国家需制定出一些政策，提供老年人更多的发展空间。

从个人、文化和社会这三个层面去介入，国家大力发展为老年人提供服务的社会组织，社会工作者在社会组织和政府之间搭建起沟通的桥梁，把服务传输给老年人，把老年人的需求递交给政府，达到双向沟通，提高老年人社会参与的动机。

参考文献

[1] 王莉莉. 中国老年人社会参与的理论、实证与政策研究综述 [J]. 人口与发展, 2011, 17 (3).

[2] 李宗华. 老年社会参与的理论基础及路径选择 [J]. 山东省农业管理干部学院学报, 2009, 24 (4).

[3] 李宗华. 近30年来关于老年人社会参与研究的综述 [J]. 济南大学社会学研究, 2009.

[4] 王英, 谭琳. "非正规"老年教育与老年人社会参与 [J]. 人口学刊, 2009 (4).

[5] 崔娟娟. 我国"非正规"老年教育发展策略研究 [D]. 福州：福建农林大学硕士学位论文, 2011.

[6] 李佳琦. 老年人社会参与制度研究 [D]. 长春：长春理工大学硕士学位论文, 2012.

[7] 李光宇, 牛保忠. 健全老年人社会参与制度 [N]. 吉林日报, 2010.

[8] 王莹. 试论社会融入型养老机构的建设 [J]. 劳动保障世界 (理论版), 2012 (10).

[9] 冯木凤. 社工视角看我国养老行业的各种"怪现状" [N]. 中国社工时报,

2015 (7).

[10] 陈成文,孙嘉悦. 社会融入:一个概念的社会学意义 [J]. 湖南师范大学社会科学学报,2012 (11).

[11] 陈昫. 老年人社会参与"嵌入性"问题分析 [J]. 老龄社会研究,2014,2 (1).

[12] 徐真睿. 个案工作介入养老机构老人集体融入研究——以上海市 A 敬老院为例 [D]. 沈阳:辽宁大学硕士学位论文,2014.

[13] 次倩男. 社会工作在机构养老中的介入研究——以 J 市 S 老年公寓为例 [D]. 济南:山东大学硕士学位论文,2014.

[14] 蒋怀滨,吴靖雯,张如敏,等. 老年人社会参与与成功老龄化的关系研究 [J]. 南京中医药大学学报(社会科学版),2015,16 (2).

[15] 张旭升,林卡. "成功老龄化"理念及其政策含义 [J]. 社会科学战线,2015.

[16] 马倩,张术松. 老年人社会参与困境及政府责任研究 [J]. 江淮论坛,2015.

[17] 龙晓杰. 我国老年人社会参与权研究 [D]. 济南:山东大学硕士学位论文,2012.

[18] 毛旭. 我国老年人社会参与权保障的法理研究 [D]. 沈阳:辽宁师范大学硕士学位论文,2014.

[19] 维也纳老龄问题国际行动计划 [EB/OL]. http://wenku.baidu.com/link?url=ZXdtXrkM3oPZhSUgyYULEC6YYn7RfA-UhlsH_f7KJsqUVJDv-y1KsOlZam2PcWmszsJDSErcGNcL4kgis2Sq7B0oxEfNwajiTYHIYgGxjpy. 1982.

[20] 健康老龄化和积极老龄化 [EB/OL]. http://it.sohu.com/20041211/n223446258.shtml,1999.

[21] Anonymous. Johns Hopkins University Bloomberg School of Public Health; For older adults, participating in social service activities can improve brain functions [M]. NewsRx Health,2010.

[22] Neil Thompson. Anti-Discriminating Practice [M]. 1992.

附 录

访谈提纲

针对老年人的访谈提纲

1. 您多大年纪了?

2. 您的学历?

3. 您退休之前从事什么类型的工作？都做过什么类型的工作？

4. 您来敬老院多长时间呢？是否适应这里的生活？

5. 您平时有什么爱好吗？最喜欢做什么？

6. 您可以描述一下您在敬老院的生活吗？是如何打发时间的？

7. 平时出去溜达吗？

8. 见到熟人是否会主动打招呼？

9. 家人多久过来看您一次？

10. 跟家人关系是否融洽？

11. 平时跟曾经的同事或者好友是否有联系？是否会主动联系他们？

12. 平时积极参加养老院开展的活动吗？

13. 平时都爱参加哪些活动或者对敬老院的哪些活动比较感兴趣？可以举一下例子。

14. 不喜欢参加开展的活动，可以讲讲都有哪些原因？没有意义还是自己身体一部分原因？

15. 身体怎么样？

16. 您觉得敬老院开展的活动是否适合老年人？

17. 平时敬老院开展的活动多吗？一般都开展哪些活动？是谁组织的？

18. 您平时都通过什么途径了解外界的情况？最近是否有什么重大的新闻？可以说给我听听。

19. 您觉得在敬老院的生活怎么样？觉得很难熬吗？还是没事干？

20. 您是否愿意参加一些学习活动？例如学习如何照顾自己，学习一些新事物？或者您之前都学习过哪些新事物？

针对机构里的主任的访谈提纲

1. 最近在敬老院开展的活动都有哪些？

2. 在敬老院开展的活动是否符合老年人的兴趣？

3. 每次开展的活动，老年人的参与度怎么样？

4. 每次开展活动的目的和意义是什么？是否达到了？

5. 每次在敬老院开展活动的主体什么居多？大学生志愿者还是外来人士？

6. 志愿者来的次数多吗？大概多久来一次？是你们召来的，还是他们自愿来的？

7. 之前访谈过老人，说开展的活动有点少，闲着，敬老院接下来如何努力改善这种状况？

8. 敬老院之前是否开展过一些学习的讲座？包括如何照顾自己？学习一些新的东西？可以举一下例子。

9. 敬老院的老人都通过什么途径了解外界的信息？

10. 什么样的情况下才会允许老人外出？

11. 这儿的护工是通过什么样途径招来的？是否有护工的专业技能培训？

北京城区未成年人社区矫正社会工作研究

学　　　生　朱伟凡
指导教师　韩　芳

摘　要：本文的主要研究对象是未成年人的社区矫正。目前社区矫正是中国司法改革的新举措，未成年人罪犯是社区矫正的主要群体，同时也是一个比较特殊的犯罪群体。未成年人的人生观、世界观等正处于未定型时期，可塑性非常强，与此同时随着我国刑法制度改革的逐步深化，未成年人罪犯的处置问题日益突出，受到了人们的广泛关注。本文通过北京城区未成年人社区矫正研究，对于还处在成长中的未成年人和发展中的社区矫正相遇时产生的问题进行一些探究。针对困境和解决办法提出社会工作介入的解决对策。

关键词：社区矫正　矫治社会工作　未成年人犯罪　青少年社会工作

一、引　言

（一）研究背景

近年来我国未成年人犯罪案件数量呈上升趋势，未成年人犯罪的年龄也正在趋于低龄化，进入检察环节的未成年犯罪嫌疑人虽仍以16～18周岁的为主，但受理的14～16周岁的未成年人犯罪案件呈逐年上升趋势。与此同时我国未成年犯罪的不捕不诉率在逐年下降，各级检察机关全面贯彻"教育、感化、挽救"方针和"教育为主、惩罚为辅"原则，坚持"少捕慎诉少监禁"政策，认真落实各项未成年人刑事检察制度，未成年人刑事检察工作取得了明显成效。

通过研究，笔者整理了一些未成年犯罪的案例，未成年因为其年龄的特殊性，往往容易在这个时期犯下这样或那样的错误，受外界不良因素的影响从而违法犯罪。他们的行为不仅仅会对家庭带来伤害，更容易对国家、社会带来危害。有些未成年甚至多次违法犯罪，面对如此情况，传统的矫正方法往往起不到有效作用，而社区矫正工作的应用和发展可以从思想教育、心理辅导、行为纠正等多个方面帮助未成年人消除其犯罪心理结构，修正他们的行为，使其更好地适应社会生活。

（二）基本概念

1. 社区矫正

社区矫正是与监禁矫正相对的行刑方式，是指将符合条件的罪犯置于社区内，由专门的国家机关在相关社会团体和民间组织以及社会志愿者的协助下，在判决、裁定或决定确定的期限内，矫正其犯罪心理和行为恶习，并促进其顺利回归社会的非监禁刑罚执行活动。[1]

2. 矫治社会工作

社会工作者在专业价值理念的指导下，运用社工的理论和方法技巧帮助罪犯或者是有犯罪危险性的人员及其家人，在判决前、监禁时或监外执行以及刑满释放之后，提供专业服务以消除他们的犯罪心理、修正其行为模式，完成再社会化，协助其重返社会生活的一种职业化活动。

3. 未成年人犯罪

未成年人犯罪是指未成年人实施的犯罪行为。在我国，根据《中华人民共和国民法通则》和《中华人民共和国未成年人保护法》的相关规定，我国公民的成年年龄为18周岁，所以从刚出生的婴儿到18周岁以内的任何一个年龄层次的我国公民，不论其性别、民族、家庭出身、宗教信仰、文化程度如何，都属于未成年人的范畴。同时《中华人民共和国刑法》第17条又规定，刑事责任年龄的起点为年满14周岁。也就是说14周岁以上18周岁以下的未成年人是有可能负刑事责

---

[1] 程应需.社区矫正的概念及其性质新论[J].郑州大学学报（哲学社会科学版），2006.

任的。❶

所以本文的研究对象为触犯法律而犯罪的14~18周岁未成年人,而这些未成年人平时大多缺乏父母的关心,中途辍学缺少必要的学校教育,过早流入社会。

4. 青少年社会工作

青少年社会工作是指在专业的价值观指导下,社会工作者根据青少年的身心特点、动机需求、兴趣爱好,充分运用专业的理论、方法、技巧,以帮助青少年解决问题、克服困难、恢复功能和获得全面发展的一种服务活动和服务过程。广义上还指为促进青少年健康成长所采取的一切措施,工作对象是所有的青少年。

内容上包括文教、卫生、医疗、保健、体育、娱乐、社区、家庭服务、职业辅导介绍、青少年权益保护等方面,涵盖了能增进青少年健全发展的各项措施;在功能上起到能防范危害青少年发展因素的预防和保护措施;能保障青少年福利的措施;能协助青少年处理成长和适应过程中的难题的措施;能促进青少年发展潜能的措施等。

(三)文献综述

1. 国内研究现状

随着时代的发展,社区矫正这个外来词进入我们的生活,这实际上是一个比较新的领域。因此社区矫正在中国面临一些困境是不可避免的。首先,在中国人们已经习惯了把不安全的犯人关进监狱里,这种观念占主导地位。其次,中国的社区建设并不完善,所谓社区矫正中的社区实际上是以政府组织为基础,等同于行政区划的概念。因此在某种程度上讲,社区矫正只是将犯人从政府的一个部门转向另一个部门。最后,则是我国还缺乏基本的法律依据和制度支撑。在社区矫正中,未成年人的社区矫正是重要的一环。有学者认为要运用社会控制理论来寻找未成年人社区矫正的方式方法。第一,在社区中要有专门负责未成年人犯罪的

---

❶ 胡印富. 我国未成年人刑事法律体系的现状与未来[J]. 三峡大学学报(人文社会科学版), 2015.

人员和机构；第二，针对未成年人在这个时期的特点，开展知识性、趣味性强，能很好启发教育未成年人的活动，例如举办法律课程和参观监狱；第三，社区矫正机构应建立相关的评估体系；第四，为提高家长教育水平可建立家庭教育指导中心。学者苏丽君认为要促进矫正社会工作与本土性社区矫正工作的融合，也就是与我国制度相适应的助人模式，并且发展司法社工和志愿者相结合的模式，让矫正工作更加顺利开展。

国内关于社会工作理念介入未成年犯社区矫正的研究，有学者认为这个年龄段正是生理发育高峰期，易引起情绪波动、心理敏感，并且对社会充满好奇，因为尚未定型，极易受身边人和环境的影响。学者马肖曼的案例分析结论充分说明了未成年人犯罪与父母的管教方式有直接关系。然而在矫正中重点考虑的问题是，如何实现对罪犯的教育和改造。学者许芸在文章中说，社会工作者从事对未成年违法犯罪者的矫正经常使用的方法包括心理测验、心理治疗、个别咨询、团体咨询、作业治疗、公共服务，以及社会工作等。在未成年犯社区矫正实践中，社会工作者对价值两难的科学处理和促进与矫正对象之间的互动是非常重要的，想要促成有效的互动，就要掌握以下三点基本社会工作价值理念，第一，要尊重并给予接纳；第二，教导但给予自觉；第三，保密且可以信赖。

2. 国外研究现状

2000年有关数据统计显示，加拿大、法国、美国、新西兰等国家，社区矫正人数超过了70%；日本有3/5受到矫正处罚的罪犯被放在社区。在美国社区矫正人数是监禁人数的2.4倍，在日本为1.1倍。这些国家已经建立了呈金字塔形的服刑结构，监狱服刑位于金字塔的塔尖，而社区劳动社区矫正则属于最低一层。

在《美国对犯罪青少年的社区矫正项目》一文中，作者侧重分析了缓刑、释放安置、居中制裁三种矫正项目。并且作者认为未成年人与成年人不同，他们会容易受到周围人的影响，所以如果把他们送到监禁机构或者是工读学校，会使他们和犯罪未成年人交往，受到负面、消极的影响，因此详细的介绍和推广了居中制裁中的社区服务、家中监禁和转换项目这三种非监禁的矫正方式。美国社会学家科恩认为，如果坚持和奉行不良、消极的亚文化，必然会导致少年犯罪与越轨行为；美国著名犯罪学家马尔文·沃尔夫岗通过大量的调查研究发现，少年在未成年时养成的不良嗜好习惯，如果不能及时矫正过来，成年后大部分都会加重这些恶习成为罪犯，这对社会危害极大。所以要想消除未成年人的反社会心理，通过社区对他们进行矫正是很好的办法，可以减少他们的危害行为，提高生活技能等，通过回归社会实现对未成年人罪犯的再社会化和人格的再造。

罗伯特·J.桑普森和约翰·H.劳布提出的逐级年龄非正式社会控制理论中说到，随着年龄增长，通过与关键社会团体的接触和互动，个体可能改变。这也就说明科学合理的运用社区矫正，是可以预防未成年人再犯罪的。

（四）研究方法

1. 文献研究法

文献研究法是一种通过收集和分析现存的，以文字、数字、符号、画面等信息形式出现的文献资料，来讨论和分析各种社会行为、社会关系及其他社会现象的研究方式。本文主要通过图书馆相关的资料和书籍、期刊，查阅中国知网等相关网站，阅读、学习实习机构相关文件记录等获取完成本论文需要的相关文献资料，包括未成年人犯罪研究、社区矫正的理论与实践、社会工作理论和实务等理论知识和数据。

2. 访谈法

访谈法是指通过工作者和受访人面对面地交谈来了解受访人的心理和行为的心理学基本研究方法。它能够简单、快速地收集到多方面的资料，对受访者的基本情况有比较详细的了解，具体、方便且准确。本文中的受访对象大多集中在16～19周岁，平均学历为初中，户籍多为京外。少部分是外来务工人员子女，大部分的未成年人属于辍学后远离家乡外出闯荡，他们对于访谈大多很是排斥，建立关系比较困难，自我防卫的心态过重。

二、北京城区未成年人社区矫正社会工作的现状

(一) 样本介绍

表 1 样本介绍

样本	性别	年龄	文化	籍贯	家庭情况
A	男	18	高中	山西	父母在家，父亲有时外出打工
B	男	17	初中辍学	山东	父母基本在家
C	男	18	初中辍学	甘肃	父亲在家，母亲外出打工
D	男	17	初中辍学	甘肃	父亲在家，母亲外出打工
E	女	16	初中辍学	辽宁，生在北京	母亲在老家做生意，父亲在北京做生意
F	男	17	初中辍学	北京	父母在京但离异
G	男	18	初中	河南	父母在京
H	男	18	中专	河北	父母在家，有时外出打工

(二) 社区矫正社会工作的流程

我国目前处于社区矫正的发展阶段，社区矫正社会工作并没有统一的明文规定。2012 年 3 月，我国最高人民法院、最高人民检察院、公安部、司法部联合颁布的《社区矫正实施办法》大致规定了社区矫正的具体执行机构，完善了社区矫正的适用、矫正措施、交付对接、矫正解除以及未成年人社区矫正等一整套工作流程，这套《社区矫正实施办法》是目前我国开展社区矫正工作的操作规范和基本依据。而各地司法所、矫正帮教中心以及中途之家等机构办公场所会因具体情况有所调整，具体流程图如图 1 所示。

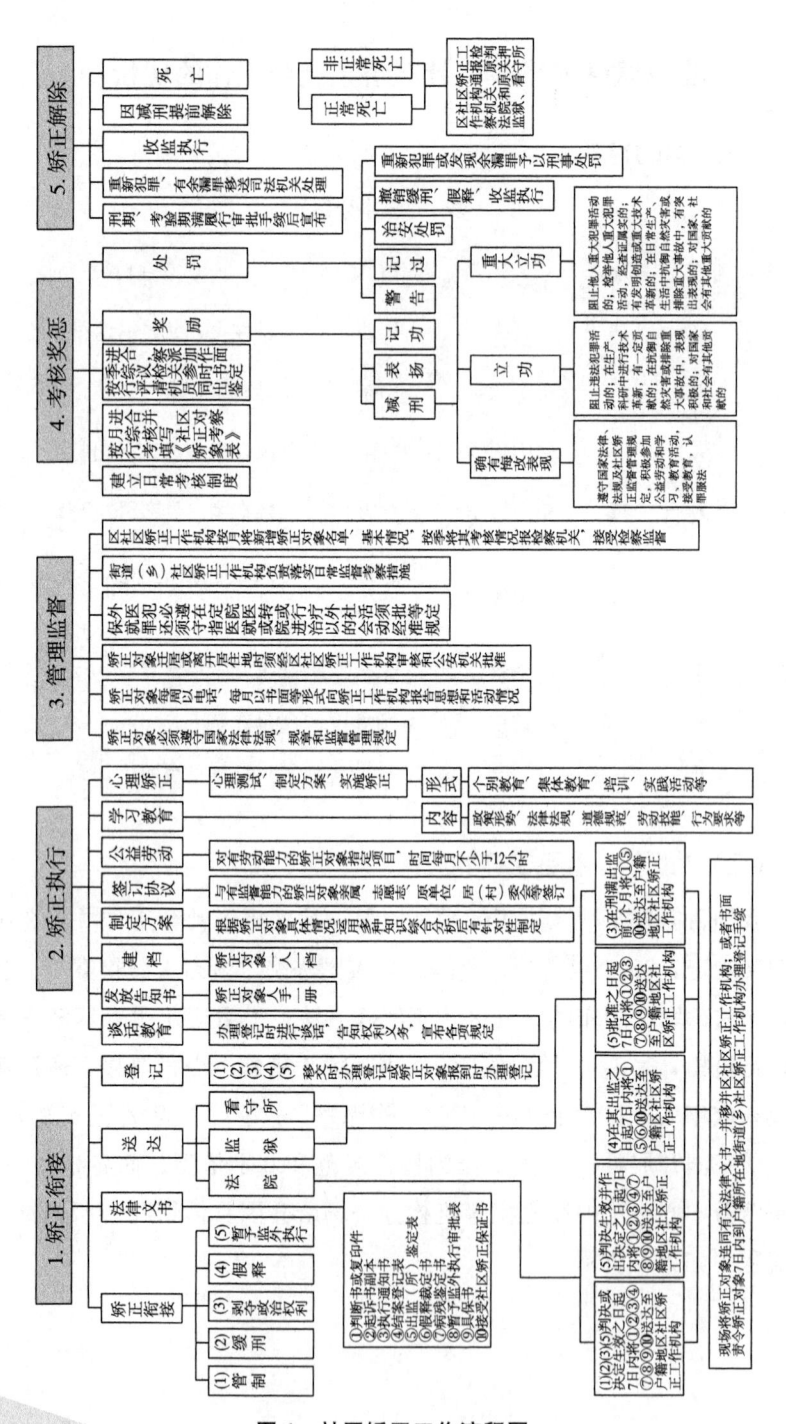

图 1　社区矫正工作流程图

(三) 事务所社区矫正社会工作内容

目前社会工作事务所在业务上多是与矫正相关的政府机构开展合作，主要是帮助公、检、法机关开展涉罪未成年人的合适成年人、审前社会调查和帮教服务。合适成年人作为第三方，整个审查起诉过程中都会对未成年人的无形保护起到至关重要的作用。而审前的社会调查报告会影响到犯罪人和被告人的判决与量刑，也为日后执行的个人矫正方案提供了重要依据。社会调查目前大多用在涉罪的未成年人身上，因为在讼诉期间司法部门对于被告人的社会调查内容很少，不去关注犯罪背后的故事，而在后续的矫正过程中被告人对社区的影响又很大，所以很有必要对被告人进行一项特殊专门的调查来为以后的工作提供依据。帮教安置工作的投入和与社区矫正的无缝衔接，则是近些年来社会的主流声音。针对未成年人尤其是异地未成年犯罪后的帮教好坏，这关乎着未成年人能否在矫正期间和矫正后，回归社会走上正确的道路。这些工作内容与社区矫正共同构建了一个体系，以达到管控、教育、帮扶、感化的目的，帮助涉罪的未成年人更好地生活，而社会工作者在其中将起到一个很好的桥梁和纽带的作用，运用科学的社会工作方法、工作技巧参与其中，提升矫正工作的效率，推动其顺利地开展和进行。

而纵观北京地区的社区矫正，已经形成了一个比较完善成熟的体系。独立的社区矫正所、中途之家都是让外地社区矫正工作人员"嫉妒"的地方；资金问题虽然缺乏但也不至于像某些省市地区的社区矫正那么捉襟见肘；志愿者队伍的建设和投入也远远好于一些地区，各方的支持虽然有限但是能够顺利地开展。

三、北京城区的未成年人社区矫正社会工作的困境

(一) 机构的困境

1. 社区矫正相关技术的缺失

社区矫正起步早的国家，都在实践中探索出了许多有针对性的社区矫正方法，例如对青少年犯的性格分析、心理矫治、运用现代化管理手段管理个案等；同时还开展了许多利于矫正的项目和活动。我国也颁布

过类似的法律政策，《社区矫正实施办法》就规定了应该为社区服刑人员建立个人档案，服刑中包括谈话教育、讲座、参观、参加社会活动、心理健康教育、公民道德教育等丰富的内容和形式。但是由于疏于管理和技术的缺失，在实践中仅包含了思想汇报、谈话、学习培训和公益劳动等方式，这些方式方法对于未成年人来说明显枯燥无味，因此社区矫正效果并不那么明显，这也使得我国社区矫正陷于封闭、缺乏活力。

2. 矫正工作者素质及专业化程度不高

社区矫正工作者肩负着改造服刑人员的重任，尤其是未成年犯，因为他们才刚刚要步入社会，对他们的教育方式方法等需要一个很好的度，社区矫正中涉及对未成年人的心理辅导和教育，这都具有很强的专业性。所以矫正工作人员的素质和专业化程度尤为重要。而现在大多数社区矫正工作者是由监狱等司法部门下令抽调过来的，或者由街道、居委会的工作人员构成。以合格的社区矫正工作人员标准来看，他们显然普遍缺乏基本的社区矫正工作专业知识和经验，还缺乏对应的热情。这些都限制了社区矫正工作的持续发展。

据访谈过的一位社区矫正工作人员透露，目前急需社区工作和心理学方面的专业人才，他们更有耐心和方法，面对未成年人时更容易走近他们。在矫正过程中与案主建立关系是尤为重要的。他透露到基本上百分之百的矫正对象都会有抵触心理，这使他们的工作开展有很大的难度，如果这其中再有缺乏专业素质和方法的工作人员存在，工作效果可想而知。

访谈资料1

"我当年也是临时转过来的，结果后来下指令就一直跟这了。"

"虽然没学过啥，但是偶尔跟他们套套近乎关系也就好点了，成年人好说话，孩子有时就吓唬吓唬，一般都跟家长谈。"

"挺需要你们大学生的，现在所里有两、三的感觉就不一样了。"（矫正工作人员，男）

3. 社区矫正机构缺乏经费

经费的缺乏是社区矫正工作发展中最现实的阻碍。不同于其他做社区矫正的发达国家，我国经济发展水平较低，如果没有国家足够的资金支持，难以保障社区矫正工作的顺利进行。除了北京、上海、天津等城市的社区矫正机构有少量的资金支持外，其他省市的社区矫正机构主要依靠地方政府的临时拨款和司法机关的工作经费。但是由于地方资金有限，难以维持矫正活动的支出，就连北京的机构都不能支持社区矫正所有活动，可见资金短缺的问题还很严重。资金缺乏也必然影响矫正工作的开展，长期循环下来积攒的问题也就越来越多。

4. 人才流失问题严重

由于经费的短缺，负责社区矫正的工作人员收入普遍偏低，再加上社会工作这个专业鲜为人知，在我国并不是热门职业，我国的社工道路还有待发展，来做社区矫正的专业社会工作者比较少，有的做了几年也转行去别的行业了，矫正工作队伍数量不足，社会关注度不高，这方面的专业人才很难长久地留住。在我国乡镇、街道司法所中，有的社区矫正部门只有3~4名正式工作人员，偏远地区一人所、两人所的数量占总数的比例也仍然很大。

笔者实习的事务所虽然承接社区矫正的服务，但是却没有专门负责这块项目的专职人员。而矫正中心、中途之家也往往是一人身兼数职，这使得一些工作人员有自己是廉价劳动力的感觉，从而产生离职寻求更好发展的念头。

5. 社区矫正对象的生存与矫正管理工作相冲突的问题

社区矫正对象也就是本文的主要研究对象未成年人，因为平常时间要上学或者打工，这与矫正中心、司法所要求的时间往往会产生冲突，出于实际考虑，矫正对象也不能做到经常请假旷工等，这会给服务对象带来一些麻烦，而工作人员如果经常舍弃周末与家人在一起的时间而去加班，也可能会产生家庭矛盾等问题。

(二) 服务对象的困境

1. 未成年人叛逆心理严重

犯罪未成年人正处于青少年向成年的过渡阶段，青春期的他们，这个时候大多数还没有真正地接触社会，但是他们会模仿电视中看到的，也很容易受到身边人影响，他们渴望独立，因此不仅会抵抗父母，也会对社会上的机构采取不屑的态度。有些叛逆的青少年在矫正期间也极为不服从管理，阳奉阴违，他们会对管理规定非常漠视，纪律性极差，违规越界时有发生，这使得这样的青少年在矫正期不重新犯罪就万幸了，基本谈不上矫正的效果。在社区矫正时要对他们进行有效管教很困难，如果没有适当的措施或者专业的方法，只是一味地强迫他们做事，只会适得其反。

访谈资料2

"有的孩子啊是真不听话，一看就是那不上学不学好的孩子，说他他就嘻嘻哈哈的，根本不往心里去。问他行程也不知道他说的是真是假，还经常跟犯事儿的那帮人扎堆。"（矫正工作人员，男）

2. 未成年法律意识淡薄、文化水平低

经过笔者的访谈和相关资料阅读了解后发现，犯罪未成年人普遍文化水平低，这个低并不是指因为年龄小所以学习知识少从而导致知识低。大多数的青少年在有犯罪行为的时候基本上都是处于辍学退学的阶段，从笔者在Z事务所实习的几个月接触到的青少年来看，能达到高中辍学的数量都相当少。根据2015年7月1日《检察日报》的报道，青少年犯罪总数占全国刑事犯罪总数的70%以上，这个数字令人吃惊。在70%里面在发生犯罪行为的未成年人中14～16周岁年龄段所占比重逐年提升，到2013年已突破50%。[1] 如果这个年龄段的孩子未能很好地接受教育，了解违法犯罪后将付出的代价，再加上这个年龄段未成年特有的情绪自控力差、易激动等心理特点，就容易干出出格的事情。

访谈资料3

"我知道打架是不对的，但是当时我并没有意识到会犯法。"

"当时只想还手打他并没有考虑到后果，同时也知道打人是不对的，但这些当时在事发时都没有思考，只考虑自己不能吃亏。"

"以前小打小闹也没被警察抓过，一直觉得不太严重。"（F，男，17周

---

[1] 央视采访2015。

岁）

从上面的记录能清楚地看出一些未成年人在犯罪时的心态，而当他们接受社会矫正时配合的又是极少数，即使配合也漠视这个流程，认为只是说教一下，和家中父母对他们的打骂没有区别。矫正方式中通过看书学习这种方式对他们又起不到作用，种种原因综合，就使得社区矫正更难开展。

（三）社区的困境

1. 社区意识薄弱

社区从传统意义上讲就是我们现在的居民区、街道等。由于我国社区起步较晚，加上文化方面的差异，所以组织不健全，管理也不科学，因此并没有形成一个共同的社区意识。只有在类似于北京、上海、天津等经济发达地区，才有部分社区矫正中所谓的社区，但是对我国而言，范围非常小。如果是欠发达地区，社区矫正的执行一般就是由各级司法所执行，有时执行要上山下乡，这也就导致执行率和效果偏低。所以，真正意义上适合承接社区矫正的社区就少之又少了，之后引发的经费不足、人手不够其实也就好解释了。

访谈资料4

"你们北京太正规了，现在来讲发展得不是太均衡，像我们这边都是由司法所直管的，也没有成天管未成年矫正的，和成年人混在一块一把抓。社区也跟你们不一样，我们这除了城区这片还有村乡的，让人家来报道人家也不爱来，我们开车过去又没配车，还得借别的部门的。"（某省司法所工作人员，男）

2. 疏于监管，社区环境制约社区矫正开展

社区矫正在我国起步晚，发展慢，因此承接社区矫正的社区也少。许多工作人员不知道社区矫正是什么，其真正意义在哪，疏于对社区矫正过程的监管。通过访谈得知，因为社区矫正没有立法，所以现在各地社区矫正的情形非常乱，各地都不一样，发展程度也参差不齐。另外社区居民对社区矫正认同度低，自古以来"犯罪坐牢"的观念深入人心，犯罪了如果不坐牢反而是与之前一样，这样的做法会让群众没有安全感。

他们担心自己生活的环境会受到威胁,尤其是城市中较好的社区,不管是成年犯还是少年犯。居民普遍认为判刑后仍然生活在社区中就等于没有判刑,或没有受到基本应有的惩罚,这简直就是一件不公平的事情,自身安全、社区安全、社会安全都受到了挑战,工作人员想得到居民的支持也就难上加难。所以在社区矫正的实施过程中,一些社区居民或村民甚至是社区、居(村)委会的工作人员表现出忧虑、恐惧,与服刑人员保持距离,提高戒备,用异样的眼光看待他们。这样不仅给社区矫正工作开展带来很大的阻力,也会对接受社区矫正的青少年产生不好的影响和创伤。

访谈资料5

"社区矫正这个其实也没怎么听说过,不过说实话,谁家孩子犯了事非得让街坊四邻都知道呢,所以即使有,在我们这接受教育的也不会有太多人知道,不会存在什么支不支持、反不反感的问题。真有这事家长估计也不爱找我们,孩子更不会听我们话了。来我们这,除了上小区里打扫打扫卫生擦擦橱窗也没事干了。"(某社区工作者,女)

3. 社区安置矫正对象困难大

让罪犯在社区中服刑,确保他们的基本生活需要,是有效实施社区矫正的基本条件。但是,社区安置并没有想象得那么简单,成年犯的就业需要很多的社会资源支持,一般情况下只有少部分企业会接收,与其坐等被安置,自己出去隐瞒服刑犯罪情况而找工作其实更加容易。而青少年想正常地重返学校继续上学更是一件难上加难的事,大部分都会被学校劝退开除。好在本地未成年人大多在社区中有家的归属,而外地未成年人如果之前是学生也多半能得到家庭的支持,如果是外出打工,受影响程度也会比成年犯小一些。总的来说,如果不能妥善合理地处理这些矫正人员的安置问题,很可能会影响社区矫正的顺利实施。

(四)政府、法律的困境

社区矫正立法滞后,法律体系尚不健全。

社区矫正作为一种刑罚执行方式,其本身具有法定性、权威性和严肃性。社区矫正只有拥有完善的法律体系作为依据,才能发挥出教育改造的效果，完成教育矫正罪犯，使之顺利回归社会的任务，这也是社区矫正工作长远可持续发展的根本保障。而实际上，我国长期以来一直都没有出台和社区矫正相关的法律，只是在 2011 年 5 月 1 日施行的《中华人民共和国刑法修正案（八）》中写到"依法实行社区矫正"，这显然不够具体，不能让从业人员满意。经过访谈和观察，社区矫正是否在刑事法律中规定更加具体的实施内容，如何在刑事法律中构建社区矫正制度，是急需解决的实体问题。

目前对于社区矫正工作的主体司法行政部门，只规定了他们拥有并履行相对应的义务，却没有规定他们相对应的权利，义务与权利的长期不对等已经引起工作者的不满。当工作者面对矫正人员，尤其是往往玩世不恭的少年犯，只有说服教育权，而没有对他们不服从时采取的某些强制权，工作执法时的严肃性和权威性得不到保障，使得矫正的效果和预期效果有出入，长久的发展也并不像看起来得那么美好。

四、北京城区未成年人社区矫正社会工作困难的原因分析

（一）社会层面

社区矫正，顾名思义其主要场所首先是社区，其次才是矫正中心、中途之家等地。未成年社区矫正换句话说也就是犯罪后的未成年人在社区里服刑，通过社区进行矫正，目的是改过自新，意识到自己犯下的错误，经过一段时间的教育和管理重新回归社会。那么问题来了，社区中的居民一般都是多一事不如少一事，虽然访问时他们可能都是很宽容地接受，表示可以给他们机会，但是实际操作上大多还是心里不愿意接受这样的未成年犯，认为还是存在一些安全隐患，而这些隐患也就让社区矫正的许多活动比较难进行下去。曾经访问过的社区工作者坦言道："他们爸妈都管不了他们，指望我们管也是不现实的对吧。"经过观察，因为权利的分配问题，社区矫正想在社区中开展难度非常大，居民的抵制加上资金的不足、配套设施的不齐全和社区工作者的不专业，使得矫正想在社区这个实体中开展，难度远远大于矫正中心和阳光之家，简单地说就是青少年在社区中难以找到归属感，社区不完全接纳。

大众传媒的影响。现在越来越多的网络或者媒体传播消息非常迅速，当然也有利有弊，因为未成年人的认知水平和认知观念并不成熟，容易受到来自传媒的诱惑，因此没办法做出正确的选择，也意识不到网络不好的地方，以及给自己带来的灾害，长久下去就容易导致问题的产生。如果家长、学校等第三方不及时加以控制管理，后果是很严重的。多个案例显示青少年因上网上瘾，逃学甚至辍学，而在网上接触网络游戏导致没钱上网，小偷小摸被抓的也大有人在。

学校是影响未成年人的重要场所。未成年人犯罪违法，学校也应当承担一部分责任。目前大部分初高中都及其重视学生的排名、成绩，而忽略了学生的根本需求。学习不好就不受重视，如果早恋就要受到严重地批评，有的老师教育方法有问题，不给学生留面子，这就促成了他们的逆反心。在青少年青春期这个阶段，心理的关怀应该远远大于成绩的关心，个人认为，学习固然重要，但是学校万万不能忽视学生的道德教育和法制教育，许多年轻人是因为欠缺法律知识才导致触碰法律的底线。如果他们事先知道、了解自己有可能触犯的法律法规，事后需要承担的后果代价，知道这对他们未来的生活发展产生的严重后果，他们的犯罪冲动犯罪概率自然会降低很多。在对一个寻衅滋事的少年进行访谈时，他坦言到以前在学校里就小打小闹的，打架了顶多会被老师批评，最严重也就是请家长给老师打个电话，回家后再被父母骂一顿，从来不认为打架会触碰法律。因为他认为不用刀不打残就是没有事情的，所以当他离开校园后遇见点小事都是用拳头解决，直到被抓。此外，目前一般的中小学校没有社会工作者或者心理咨询师，青少年在面对自己的心理问题时，经常会遇到自己解决不了、判断不了的问题，这个时候无助的他们往往容易听信同龄人的谗言或者自己思考出一个他们认为的"最佳方案"。

在笔者刚到事务所的时候接触过一个案例，案发时17岁的小伙子因为在手机店卖的手机价格自己觉得不合适，在回家经过思考后，拿着小刀回去找店主理论并划伤店主。这在笔者当时看来是比较荒唐的一件事。后经过调查发现案主的性格内向，家中母亲常年强势，成长过程中缺乏男性榜样的树立等原因导致了他会在一件小事后思考出一个拿着刀去理论的结果。据案主的口述自己自身容易急躁，当对方触动自己的利益以及底线时候，容易进行反攻，但其实我们看到的更多是不理智地思考和冲动，缺乏了正确地引导和朋友的关怀，导致了案主的误入歧途。

（二）政府层面

因为社区矫正尚处在发展阶段，相关的政策还处于摸索阶段，这个摸索阶段是一个相当长的过程，同样也是相当复杂的一个过程，并不能因为基层从业者的抱怨而匆匆出台相关法律规章，这样是禁不起推敲的，所以立法在很长时间内没有进展。加上中国传统历史遗留的刑罚制度影响，缓刑、监外执行并不是作为刑罚中的主流措施，政府在社会上对社区矫正推广的呼声也并不广泛，远没有深入人心，这些原因综合起来，都给社区矫正的执行带来了很大阻碍。

（三）服务对象自身

服务对象即为未成年人，自身的原因又要分为生理原因和心理原因两个方面。首先，生理方面，未成年在犯罪期间较多处于青春期，在这个阶段他们很容易被外界的环境感染，不易控制自己的情绪，易做出冲动的行为。同时，未成年人的心理会发生变化，比如好奇心强、好胜心强等，在这时没有对他们进行正确地引导，有的未成年人就会走上犯罪的道路。在笔者的观察访问中发现，社区矫正能充分体现未成年人的可塑性，一般会两极分化，只要工作人员能压得住，他们都会准时报到，很好地执行布置的任务，履行矫正的相关规章制度。但是如果工作人员压不住，青少年就很难履行，甚至连准时报到都是一件难事。其实从社区矫正的层面上看，成年人的矫正要比未成年人好开展得多，因为执行矫正这种刑罚的成年人多半是非故意犯罪和犯轻罪的人，他们都很配合工作；而未成年人在矫正中，社区单位中往往同案犯比较多，在管理层面上加大了难度，加上同辈群体的影响，加剧了矫正的难度。

服务对象家庭的原因。因为家庭在未成年人成长过程中是未成年人重要的一部分，他们无时无刻不需要家庭的照顾和保护。未成年人的亲属、家庭在监管方面如果没什么大问题，在矫正中孩子们一般都能很好地完成相关事宜。但是如果未成年人的监护人疏于管理或者家里面没人看管，很多未成年孩子就会跑得无影无踪。再就是一些家庭纵容孩子，认为犯了点小事不重要，就继续听从孩子的，当孩子抱怨矫正或者违法这件事还不结束的时候，家长往往就会放任孩子的行为，甚至有时还会帮助孩子隐瞒欺骗工作者。在这里笔者把未成年人犯罪的家庭原因大致分为三类。第一是许多富二代、官二代的家庭忽视了对子女的教育，他们给孩子灌输这种"钱是万能的"思想，认为什么都买最好的就是对孩子好，现在社会上有不少这种例子。笔者曾接触的一位少年，家里人从小就不管教，只在金钱上面进行满足。在交流中孩子甚至想不起来和父母在一起最开心的事，可能唯一开心的就是要钱的时候父母都能满足她。这也导致性格发展上的偏激，随着成长她越来越不需要父母的看管，更愿意和朋友在一起，把钱也都花给伙伴们。慢慢地打架聚众、目中无人，从而引发后来犯法的事情。第二是"棍棒下出孝子。"这是与第一类截然相反的一种教育方式，家长认为自己说的就是对的，不给孩子自由发展的空间，这样反而使未成年人感到压抑，他们会有偏激的想法，会更加逆反，从而走上了犯罪的道路。第三就是家庭环境，例如父母感情不和、离异，常年不管自己的孩子，未成年人得不到相应地关心和及时地管教，就会有孤僻、逆反的心理，从而走上不归路。曾经访问过一位未成年，用他的原话讲"一直以来父母的关爱都谈不上，只是有关心。他们对我的不管教已经习惯了，他们连自己的事情都处理不好，对于我的事情来说更处理不了了，所以我都自己解决，不麻烦他们。"从这就能很明显地看出家庭关系的紧张。不管家庭是什么样的家庭，从人类行为发展上我们都学过家庭教育是最早期的教育，也是最深刻的教育。在这一环上出现了问题，未成年人就很容易出现行为偏差、心理问题。

五、北京城区完善未成年人社区矫正社会工作的对策及建议

（一）加大对社区矫正工作人才的培养，组建专业的未成年犯社区矫正队伍

通过观察，社工的介入是相当有必要的，运用平等、尊重、接纳、注重教育转化等社会工作的理念和方法，通过与社区服刑人员主要是青

少年面对面地工作，鼓励他们增强自信自尊、立足社会、直面未来人生，培养他们的能力，并为解决他们心理、法律、生活、学习或者提前培训就业等方面面临的实际困难或问题，提供真诚的帮助和全方位的服务与指导。这些都可以促使他们加快改过自新、重新积极生活的步伐，从而帮助他们顺利地适应所面临的社会生活，不管是不是脱离学校生活，都要早日融入社会。社工在感情建立培养关系上的工作效果远远胜过目前的矫正工作者，社工在谈话和解决他们心中的困境这一方面也有自己特殊的专业技巧。应该培养矫正工作者这种专业素养，培养社会工作者或者心理学专业的人才入住司法所、矫正中心。与此同时可以从各大高校尤其是开设社工、心理专业的院校中挑选立志于社区矫正事业的毕业生，这样既吸纳社会工作者充实社区矫正工作人员队伍，又可以充分发挥社区矫正志愿者的力量。专业人才源源不断地补充和参与，对行业的可持续发展与专业与实践的统一都有很大的好处。

（二）建立适合我国未成年犯社区矫正的专门法律体系

社区矫正并不是放养式矫正，总的来说还是一项严肃的刑罚执行方式，所以需要一套完整的法律体系来支撑。之前也谈过其在立法上的缺失，所以目前社区矫正工作急需强有力的立法支撑。保护未成年人并且减少未成年人犯罪事件的发生，出台相适用于未成年犯罪的法律体系是非常必要的。对于未成年人，如果没有相应的法律制约，而是一直采用普遍处理成年人犯罪后的法律制约，是很不合适的。因此从立法和执法的专业思想上，就应该树立以矫正教育为根基的观念，减少未成年人犯罪的可能，防患于未然。所以，我们要研究具有中国特色的未成年人社区矫正法律体系，根据实际情况结合当地社区情况，制定法律法规一定要细化，并且出台《未成年人犯罪矫正法》，将未成年人的矫正和成年人区分开，从而为未成年人犯罪社区矫正工作提供必要的法律依据。

（三）完善社区矫正的机构设置

社区矫正的机构设置是否科学合理，是矫正工作能否在社区中顺利开展的基本保障。司法所应该对社区矫正的机构设置、职权划分、人员编制，矫正内容、程序、经费以及矫正对象的权利、义务等做出明确的规定。落实到每个人身上，人员不够可以细化，但是至少要确保机构合理的运行，有资金作保障，有人员可以工作。要强化各部门的配合，打破它们之间的隔阂壁垒。通过观察发现社区矫正的不重视，不仅仅是民众的反应，内部部门也时有发生。法院有少部分法官认为社区矫正的审前调查可有可无，一些看守所的狱警有时也对针对未成年完成的社会调查抱以蔑视的眼光。我们应该要加强部门协调合作，成立统一领导的社区矫正管理机构，由法院、检察院、公安、司法行政、民政、劳动和社会保障等部门指定人员参加，即使不是专岗专用，也要落实责任的分摊，便于社区矫正工作的衔接与协调，避免部门真空区的出现和思想认识上的误区。只有在机构组织自身内部发现问题并解决，才能更好地服务于矫正对象。各部门要紧密配合，确保矫正对象"收得下、管得住、矫得正"，减少犯罪未成年人在矫正期间重新犯罪的机会。要加强对未成年人的监管、审查，要与他多联系，让他和他的家属了解未成年人再犯罪的风险。

（四）开展并完善适合未成年犯的社区矫正

采取合适的社区矫正内容可以提高对矫正对象的矫正质量，尤其是在未成年人矫正工作上。国外成熟的社区矫正，它们具有充足的经验和方法，经常开展不同的社区活动、社会活动，不像我国仅仅局限于思想教育和劳动改造。经过了解我国目前针对未成年主要还是谈话和学习，这与国外建立未成年人保护中心等制度，还有参观、小组活动、义务劳动等活动还是有着很大的反差。作为一种行刑方式，未成年社区矫正的目的是促进未成年人回归社会，但是作为一名社区矫正工作者，目的不是监管未成年犯，而是应该更正确地引导，用自己所学的专业知识，帮助他们回归正轨，所以我国有必要结合我国的社区矫正实际发展情况，借鉴参考国外的发展经验，建立一套完整的专门针对未成年人的社区矫正项目活动体系。在发挥家庭教育的同时，如果矫正对象还在上学要加强和学校的联系与沟通，针对不上学的未成年人要及时地了解沟通以及必要地跟踪，解决他们心理上的困境和难题，在帮扶上针对未成年犯罪人的具体情况制定矫正方案、帮教计划，采取矫正措施。通过事先的社会调查深入了解未成年犯曾经的生活环境，接触的人群以及他们的性格特点，因为每个人都不同，所以必须制定一个针对于每个不同个体的计划方案，才能达到社区矫正的目的。其次，可以通过整合资源为参加过社区矫正的犯罪未成年解决其就学、就业等方面的问题。矫正机构可以设心理咨询室、沙盘室、安置基地、法律课堂、义务劳动基地，甚至建立和社会公益组织的联系等，一方面开展对未成年犯罪人的日常监管工作，另一方面可有针对性地根据矫正方案开展教育和帮扶工作，协调好有关部门，落实好其就业、就学问题。最后，对于所开展的矫正项目活动是否有效果，要建立一套评估机制，能让家长和孩子自身看到矫正的变化，用此来检验矫正工作的情况和质量，在过程中也可以建立初期、中期跟踪评估，辅助矫正工作，巩固矫正的成果。

（五）加强宣传教育，扩大社区矫正的影响力

社区矫正工作并不只是矫正机构自身内部的事，因为依托的地点大多在社区，所以把社区的力量充分利用起来是很重要的一件事。做宣传工作的同时，要让广大的社区居民真正理解社区矫正，这个不只是表面上的理解，任何东西发展的过程中都会遭人误解，经过一段时间的发展，普及社区教育的必要性和重要性，让居民不仅做到支持社区矫正，更希望他们能够参与到社区矫正的工作中。可通过小区的信息栏、开展讲座、印发资料手册画册等多种形式，将矫正工作真正开展到基层，促进社区矫正工作深入民心。让居民不再排斥这些曾经犯错的未成年人，给他们重新做人的机会。对社区矫正对象而言，帮助他们建立自信心，进而矫正其不良的心理和行为。在社区中通过组织学习、义务劳动等活动，这样不仅仅可以对矫正对象进行教育辅导，也是一个潜移默化影响居民的行为，扩大了社区矫正影响力，开展法制宣传，将居民和矫正对象联系起来，增强他们遵纪守法意识，丰富社区活动，对双方都是一个长久互惠互利的过程。

（六）社区矫正经费纳入国家财政支出

要将司法行政经费纳入国家财政支出，确保资金有来源，让基层司法行政机关有自己的财权，专款专用才能不受制于人。经济基础稳定才

不会被其他事情分心,人员支出和办公活动才能得到保障,才能更好地开展社区矫正工作。

(七)注重未成年人的心理教育,使心理教育和行为管制巧妙结合

未成年人因为年龄的特殊性,这个年龄的青少年心理特别敏感,容易出现问题,所以社区矫正工作者应该根据社区矫正人员也就是青少年所面临的心理问题开展相对应的帮教矫正:建立心理咨询平台。目前北京的矫正中心、中途之家、社区活动站拥有独立的心理咨询室,有的地方配备了心理咨询师;上海则是建立了区县级别的心理咨询平台,聘请了来自知名医院的心理医生。除此以外,北京上海等地还配备拥有国家心理咨询师资格证书的社会工作者作为志愿者,为社区矫正人员提供心理健康帮扶,在矫正过程中及时对未成年人开展心理健康教育。矫正过程中通过心理测试、心理学讲座、小组个案等活动,教授心理知识的同时,缓解未成年人的心理压力,解决他们的心理问题,教会未成年人心理调节技能。毕竟大部分青少年都是冲动和激动犯罪,开展放松压力、愤怒管理、冲突解决、社会交往技巧等培训,可以让他们学会调节自己的情绪,缓解突发事件或者长久压抑导致的压力、造成的心理问题。

结 论

社区矫正是社会文明发展到一定历史阶段的必然产物,也是社会不断进步、刑事政策日趋理性化的重要标志。青少年作为祖国发展的栋梁和未来的中坚力量,在其特有的年龄阶段难免发生一些小问题,社区矫正开放式改造方式可以有效地针对未成年人的小问题,使未成年人可以置身于由多种社会关系所构成的社会环境中,而且这个社会关系与涉罪前是不一样的,它是一个良性的社会关系,所营造出的社会环境也会和之前的有改观。未成年人从事多方面社会关系的体验,让他们重新在社会关系中找到自己的归宿,找到自己涉罪前所没有的归属感、认同感,从而达到矫正的目的。

笔者主要通过在事务所的实习过程,接触的不同案例青少年和阅读大量资料,走访看守所、基层矫正组织等进行实验研究,从实际情况发

现目前工作中的一些问题、研究成因并提出了培养专业人才队伍、建立适应的法律体系、完善机构设置、开展合适未成年人的矫正项目、扩大宣传、确保财政独立和注重心理辅导的对策建议。希望可以使我国未成年犯的社区矫正能尽快地推广和完善，更多的未成年犯能够接受这一新的刑罚方式，尽快地回归社会成为对国家有用的人，真心希望青少年的社区矫正工作可以更好地发展下去。由于一些客观条件的限制和自身能力有限，本研究仍有很多不足和欠缺的地方，希望今后有机会开展更深入的研究。

参考文献

[1] 田国秀. 社会工作个案方法在社区矫正中的意义与运用［J］. 首都师范大学学报（社会科学），2004.

[2] 董明伟. 矫治社会工作预防和控制青少年犯罪的重要途径［J］. 青少年犯罪问题，2003.

[3] 马建国，蔡冲. 浅析社会工作在未成年人罪犯社区矫正中的意义及其运用［J］. 山东省青年管理干部学院学报，2007（7）.

[4] 席小华. 涉罪未成年人社会调查实务指南［M］. 北京：中国人民公安大学出版社，2012.

[5] 刘乐. 美国对犯罪青少年的社区矫正项目［J］. 北京大学学报，2003（1）.

[6] 王思斌. 社会工作导论［M］. 北京：高等教育出版社，2004.

[7] 田国秀. 社会工作理念在社区矫正青少年犯罪中的运用［J］. 特别企划，2004（11）.

[8] 童陈军. 论社会工作理念与方法在未成年犯社区矫正中的工作［D］. 武汉：华中师范大学硕士学位论文，2006.

[9] 许芸. 论未成年犯社区矫正中社会工作理念和方法的介入［J］. 法制建设，2006（12）.

[10] 陈玲玲. 犯罪未成年人矫治社会工作研究［D］. 桂林：广西师范大学硕士学位论文，2012.

[11] 方爱清. 社会工作理念与方法在未成年犯社区矫正中的运用［D］. 武汉：江汉大学政法学院硕士学位论文，2008（2）.

[12] 马肖曼. 社会工作介入犯罪未成年人社区矫正案例研究［D］. 长春：吉林农业

大学硕士学位论文，2013（6）.

[13] 张绍彦. 社区矫正在中国——基础分析、前景与困境 [J]. 环球法律评论，2006（3）.

[14] 赵玉峰. 社区矫正社会工作现状研究 [D]. 北京：中国社会科学院研究生院硕士学位论文，2012.

[15] 张昊耿. 未成年人社区矫正研究 [D]. 上海：华东理工大学硕士学位论文，2013.

[16] 苏丽君. 矫正社会工作介入社区矫正的困境与出路 [D]. 桂林：广西师范大学硕士学位论文，2013.

附　录

访谈提纲

1. 你的姓名是什么？

2. 多大了？

3. 你的文化程度是什么，为什么不继续上学了？

4. 案件经过能说一下吗？

5. 你怎么看待这件事，对错可以说说么，谈谈你的看法？

6. 以后有什么打算吗？

7. 成长经历能跟我们谈谈吗，经历了什么重要的事？

8. 你的家里怎么看待你出事？

9. 你希望我们提供什么帮助吗，你觉得我们是干什么的，能为你做什么呢？

10. 你觉得让你以后出来，在社区或者司法所履行一定的职责，你会怎么样。是不是比关在看守所、少管所里强？让你参加一些活动你会积极参加吗？

北京市山区老年人医疗卫生服务现状与问题分析

——基于北京市山区农村的实地调查

李向楠

摘　要：本文以北京市山区农村为研究个案，房山辛庄村、密云高庄子村、昌平长峪城村三个自然村为调查对象，以社会学的理论为基础，运用问卷调查、实地研究、访谈等方法，进行实地走访和资料收集，探讨了北京市山区农村老年人在医疗卫生服务方面的需求以及所遇到的问题。本文综合调查了老年人的基本情况、劳动与经济情况、养老方式、健康医疗状况、人际关系、精神生活等方面，展示北京山区农村老年人医疗卫生服务现状，并对存在的问题与老年人需求进行重点探究，提出力所能及的解决方案，力求改善山区老年人的医疗现状。

关键词：山区医疗卫生　社会支持　老年型人口养老

一、导论

（一）研究缘起

2015年寒假，在昌平区流村镇长峪城村进行社会实践活动时，笔者因身体不适，寻找卫生服务站未果。随之引发一系列思考：山区农村的医疗卫生服务都是如此不方便吗？村中老年人如何面对这样的问题？如何满足老年人的医疗卫生服务需求？

（二）研究背景

国际上，当一个国家或地区60岁及以上老年人口超过10%，即被界定为人口老龄化。我国第六次人口普查数据表明，北京市乡村总人口数量为275.37万人，60岁及以上老年人数量达40.39万人，占14.67%

（中国 2010 年人口普查资料，2012），北京市乡村人口老龄化程度严峻。随着生理机能的退化，老年人的患病率、疾病严重程度、对医疗服务的需求等方面高于其他群体（王晛昀、段捷，2012）。

北京市北部和西部被山区所环绕，山地面积超过辖区总面积一半以上的区县，即房山、延庆、密云、怀柔、昌平、平谷、门头沟等区县，总面积 10400 平方千米，占全市总面积的 62%，共有乡镇 119 个，行政村 1090 多个，人口近 300 多万。（姜广辉，2006）相应的，山区老年人的数目也是相当大的，应该得到重视。

由于交通不便，设施不全，农村发展水平相对落后等因素的影响，北京山区农村老年人，在医疗卫生服务方面遇到诸多问题，其需求程度远高于平原地区。北京市山区农村老年人医疗卫生服务的问题与需求引起我们的关注，为此我们成立了调研小组，开展了针对老年人医疗卫生服务需求的社会实践调研活动。

（三）研究意义

北京的老龄化已经成为这个城市发展过程中，亟需被关注的问题。老年人因身体各方面的机能衰退，形成了多病的特点，对医疗卫生服务的需求要比年轻人大得多。在平原城市地区，老年人的医疗卫生服务方面比较受重视，医疗保险逐步得到完善，而在山区农村，老年人的医疗卫生服务现状并不尽如人意。山区农村老年人作为"三农"中"农民"的重要组成部分之一，调查研究其医疗卫生服务现状，了解山区农村老年人医疗卫生服务的问题和需求，能够为决策者提供一些数据与借鉴，力求帮助改善山区农村老年人的医疗卫生服务状况，使其能够体会到来自社会的温暖，提高其健康状况，延长寿命，具有重要的社会意义。

（四）独特之处

1. 研究对象：着眼于山区农村老年人

北京作为首都，往往与繁荣富强相联系。人们印象中的北京是那个高楼林立的繁华大都市，是那个有着故宫、颐和园的历朝古都，是那个举办过奥运会、园博会的世界焦点。然而揭开这些众人皆知的北京印象，有不少人可能早已忽视了占全市面积 62% 的北京山区，那些在大山深处的村落，与人们口中常常提及的"北京"相距甚远，北京发展的不均衡性由此呈现了出来。

目前，人们大多关注的都是北京的平原城市地区，对于北京山区农村的研究少之又少。笔者将研究对象定为北京山区农村，主要基于北京山区县的几个典型村落进行调查研究，具有创新性，且有重要的实际价值。

2. 研究重点：定位于医疗卫生服务方面

北京市山区农村老年人的生活经历不同于平原城市老年人，他们的生活环境艰苦，条件相对落后，享受资料消费相对更低，对于如今的生活更容易满足。本次研究对北京山区农村老年人的生存状况进行了全面的调查，基本了解了生活在大山深处老年人的真实生存现状。经过综合分析，考虑到山区农村老年人的特殊性，我们将研究重点定位于医疗卫生服务方面，有别于以往对于老年人养老方面的研究。

二、调研对象及方法

（一）调研对象

根据调研课题实际要求，本研究选取北京市 7 个山区县的老年人群体作为调查对象。结合北京市不同山区县的区位特性，对房山区、昌平区、怀柔区、平谷区、门头沟区、延庆县、密云县等七个区县进行问卷调查，在具体操作上，选择了深入山区农村社区调查的方式；在北京市山区范围内选定 3 个典型农村进行重点深入调研：昌平区长峪城村、房山区辛庄村、密云县大城子村，进行了具体细致的调研工作，据此进行对北京市山区老年人医疗卫生服务状况及问题的研究分析。本次调研共发放问卷 500 份，收回有效问卷 488 份。

表 1　本次调查问卷涉及区县明细表

调查区县	问卷份数	百分比
昌平	105	21.5
密云	116	23.8

续表

调查区县	问卷份数	百分比
房山	167	34.2
门头沟	30	6.1
延庆	30	6.1
平谷	30	6.1
怀柔	10	2.0

（二）调研方法

我们在2015年寒假社会实践活动中发现山区老年人生活贫困，尤其在医疗方面出现的问题比较突出，山区农村老年人医疗卫生服务值得引起更多的关注，由此我们成立调研小组，针对山区老年人的医疗卫生服务需求与问题进行调研，分析出存在的问题并且提出相关政策的思考。我们在学生团体中精心挑选出8名调研人员，经过专家培训后，深入到调研地点进行调研和访谈。此次调研采取问卷调查和个案访谈相结合的方式，采用了定量与定性相结合的方法，试图对山区农村老年人的医疗卫生服务问题进行全面的了解和分析。

问卷调查法：问卷的主要内容涉及被访者基本情况、劳动者与经济情况、养老方式、健康医疗情况、人际关系、休闲活动和精神生活情况等方面。通过问卷数据处理，分析山区老年人医疗服务的现状、问题及需求。

个案访谈法：对山区农村老年人进行访谈，深入了解老年人的就医现状，把握老年人医疗卫生服务的相关细节。对山区农村社区的管理人员进行采访，了解社区针对老年人的医疗卫生服务工作开展状况及存在的不足。

（三）数据处理方法

采用SPSS18.0统计软件进行统计分析，通过统计图表比较不同山区老年人的医疗服务需求。

三、生活与隐患：老年人总体特征

多年来，山区农村老年人一直是被人忽视的群体。由于地处偏远，关注度不够，导致各方面条件相对落后，生活质量与城市老年人相差甚远，体现出一些独有的特征。

（一）一探：被访者基本现状

表2　被调查者基本信息统计表

变量名称	变量类别	频数	百分比
性别	男	245	50.2
	女	243	49.8
年龄	65岁及以下	178	36.5
	66~70	141	28.9
	71~75	71	14.5
	76~80	59	12.1
	81~85	25	5.1
	86~90	10	2.0
	90岁及以上	4	0.8
民族	汉族	487	99.8
	少数民族	1	0.2
是否党员	是	63	12.9
	不是	425	87.1
文化程度	没上过学	129	26.4
	小学	205	42.0
	初中	128	26.2
	高中或中专	22	4.5
	大专以上	4	0.8
配偶	有	372	76.2
	没有	116	23.8

本次调研的 488 位被调查者中，男性 245 人，女性 243 人，男女比例基本持平。被调查者的年龄主要集中在 60~70 岁之间，其他年龄区间皆有涉及。大部分被调查者为汉族，仅有一人为少数民族。文化程度普遍偏低，有 42% 的人上过小学，26.2% 的人上过初中，仅有 4.5% 的人文化水平在高中或高中以上，而有 26.4% 的人则是没有上过学，为我们之间的沟通造成了一定的障碍。我们需要将生硬的书面语言转化为通俗易懂的口语，让他们可以理解我们所表达的意思。

我们在调查过程中发现，超过半数的老人有老伴并与老伴一起居住，有 23.8% 的老人表示现在没有老伴，其中有 20% 的老人已经丧偶多年。丧偶的老人中大部分人选择自己单独居住，由于思想相对还比较保守，几乎没有老人想过要再婚重组家庭。他们生在农村，长在农村，相对于大城市的喧闹，他们更喜欢乡下的宁静；相对于大城市的快节奏，他们更喜欢三三两两坐在院子里聊天。当问及他们为什么不跟儿女一起去城里生活时，高庄子村的彭奶奶回答淳朴真诚："我们习惯了这里出门就能跟大家伙唠家常，去城里住下个楼都麻烦。"

（二）二望：被访者物质生活现状

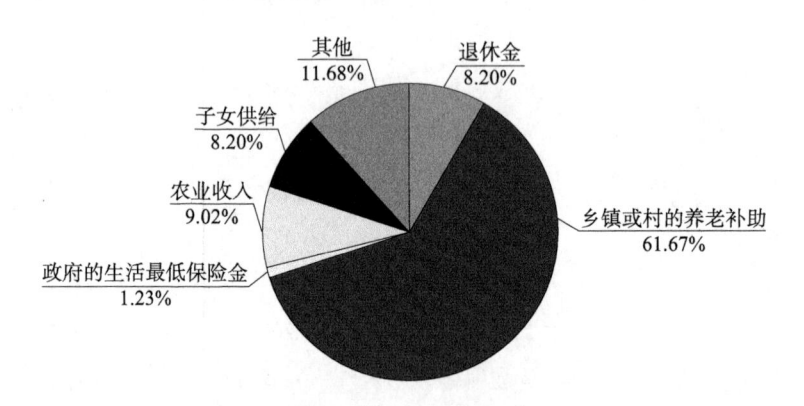

图 1　您的主要经济来源是

在调查过程中我们发现，在经济方面上有 61.68% 的老年人主要经济来源为每月 350 元的乡镇或村的养老补助。老人们表示，如果没有生病，350 元钱是够花的，但是如果生病，就需要子女支援了。医疗卫生服务方面的困难，对自己的经济状况造成不小的压力。

北京市山区老年人医疗卫生服务现状与问题分析

表 3 您认为最理想的养老模式是

养老方式	频数	百分比
家庭养老	431	88.3
敬老院或老年公寓	56	11.5

在养老方式方面，近90％的老年人都更倾向于的家庭养老的养老方式。

根据以往我们的调查显示，北京市山区农村老年人养老方式基本上以家庭养老为主。家庭养老的优势在于能够保障老年人的基本的生活需求，满足老年人能够安享天伦之乐的愿望，还能缓和养老的社会压力。但由于经济的发展，农村人口流动幅度加大，子女由于工作原因不在老人身边，空巢家庭愈来愈多，家庭的规模趋向于小型化。这使家庭养老的负担加重，再加上山区农民的收入水平较低，致使部分年轻人无力承担养老责任。

由此可见，家庭养老虽然在老年人心中有着不可替代的地位，但是也有着它不可忽视的弊端，其中医疗卫生服务方面暴露的问题尤为明显。

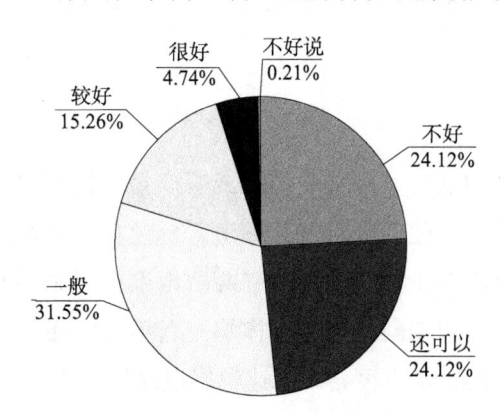

图 2 您觉得自己的健康状况怎样

在走访的近500位老年人中，表示自己身体状况很好的仅有4.74％，并有相当一部分的老年人每月都会去看病，可见大部分的老年人身体状况并不理想。而在我们的深度访谈中，大部分老年人对于村中的医疗卫生服务存在不满,这引起我们的关注,成为本文研究的重点。

(三)三悟:被访者精神生活现状

从下图可以看出,山区农村老人之间有着很好的互动关系,大多数邻里都能够互相关心。这也间接体现出一个普遍的现象,当某位老人平常出现咳嗽、发烧等小病时,邻里之间的照顾免去了他去医院就医的麻烦,直接从邻居那里拿些药就好了。用长峪城村的刘爷爷的话说"一些小病小灾的抗一抗也就过去了"。如果医疗卫生服务可以改善,老年人就不会忍着自己病痛而不去看病了。因此,如果山区农村的医疗卫生服务可以改善,会减少老人们因耽误病情而酿成的遗憾。

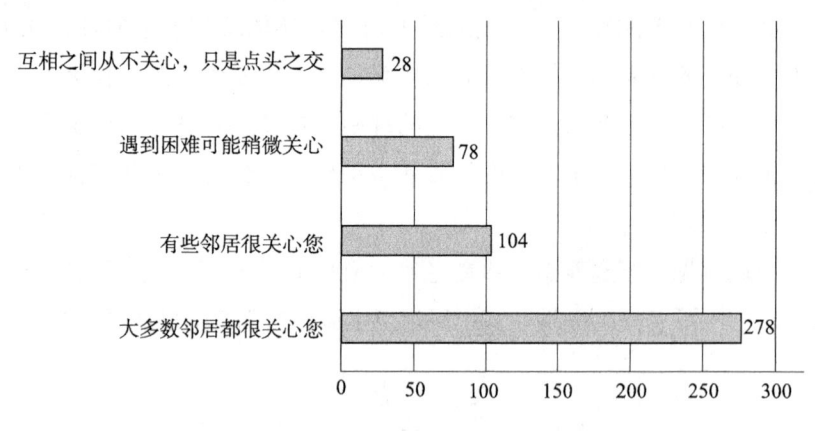

邻里关系	人数
互相之间从不关心,只是点头之交	28
遇到困难可能稍微关心	78
有些邻居很关心您	104
大多数邻居都很关心您	278

图 3 您与邻居

老年人的休闲活动大多是看电视或听广播,他们关心国家大事,关注国家的养老政策;他们收看戏曲频道,延续自己年轻时的爱好;锻炼身体的老年人也不在少数,大家三三两两地聚在村中的小广场,一边谈论最近的趣闻,一边强健着自己的体魄。老年人们还有其他种类的休闲活动,所以在休闲活动方面,并不让我们担忧与关注。

在调研过程中发现,山区农村老年人的精神状况良好。虽然大部分人都有高血压等慢性病,但是这对他们的精神状况没有太大影响。大部分老人需要自己种地,自己生活,还有部分老年人需要照看孙子孙女,他们的日常被琐事占满,生活并不空虚。因此,虽然老年人的身体状况都不是很好,但是这并不影响他们的生活,只有在有大病、急病的时候,

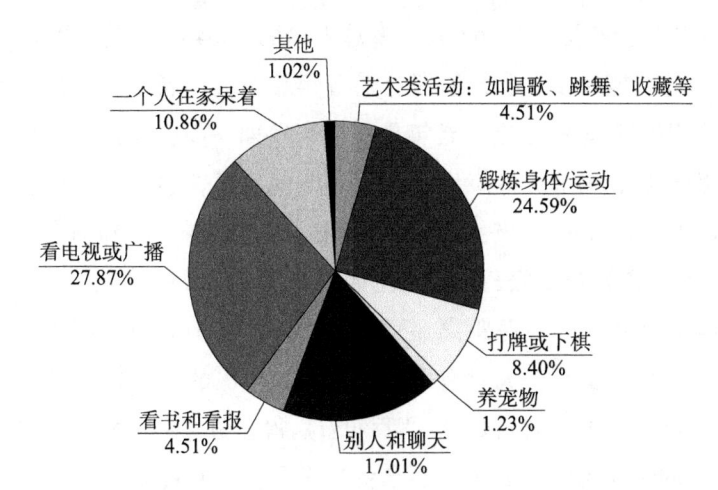

在医院就诊时，才会感觉到医疗卫生服务的缺陷所带来的困扰。

图4　您现在每天参加下列休闲活动的程度大概如何？

其他 1.02%
一个人在家呆着 10.86%
艺术类活动：如唱歌、跳舞、收藏等 4.51%
锻炼身体/运动 24.59%
看电视或广播 27.87%
打牌或下棋 8.40%
养宠物 1.23%
看书和看报 4.51%
别人和聊天 17.01%

综上所述，北京山区农村老年人的经济来源虽然只有每月350元的乡镇或村的养老补助，但是也能够满足日常消费支出；老年人更倾向于家庭养老，若能够完善山区农村的医疗卫生服务，家庭养老并不会成为他们生活中的问题；此外，他们的休闲活动丰富，精神状况良好，不必我们多虑。所以在他们的生活中，医疗卫生服务方面的问题与需求被凸显出来，成为了我们的研究重点。

四、医疗问题的凸显与成功经验的借鉴：典型村落个案分析

（一）医疗卫生服务的"空白"——昌平长峪城村

1. 村庄概况

长峪城村位于昌平区流村镇的西南山区内。根据我们所借宿的农家院老板介绍，由于此地东西南三面临山，长峪城村年平均气温低于昌平城区5摄氏度左右。该村历史悠久，可追溯至明朝，因此村内古迹众多。依托悠久的历史，以及山水相连，村民纷纷发展旅游业，建立农家院，一定程度上发展了当地的经济。

2. 村庄问题

根据村委会主任介绍以及我们实地调查过程中，发现如下问题：

老龄化问题严重，医疗需求程度高。长峪城村共有人口 327 人，其中 60 岁以上老年人口共 263 人，占总人口的 80.4%，老龄化程度较高；老年是人体机能逐步老化的阶段，随着年龄增大，老年人在精力和体力方面都呈逐渐衰弱的变化。老年是疾病高发期，高脂血症、高血压、高尿酸、糖尿病、关节炎等疾病在老年人群众非常普遍，这些疾病不仅给老年人的生活造成了极大不便，也摧残着老年人的精神（杨景亮，2012），因此需要长期服药，以及更加专业的医疗服务。

山路险车次少，就医距离遥远。在两天的实地调研过程中，我们发现往返城区的公交车一天只有两车次，这为村民的出行造成了极大的不便。在深度访谈中，刘奶奶说："我们看病得去另外一个村，得走十几里地呢。去的时候还能坐上车，回来就没车了，就只能走了。所以平常小病小灾的忍忍就过去了。"

在北京偏僻的山区，这样的村子并不少见。它们地处深山，村中没有卫生服务站，且邻村的医疗卫生服务站"遥不可及"，导致太多老年人对于自己的病情选择忍耐。

调研后，我们已经将长峪城"空白"的医疗卫生服务现状反应给相关部门，力所能及地帮助当地山区农村老年人，现在问题正在解决中。

（二）医疗卫生服务的"短板"——房山辛庄村

1. 村庄概况

辛庄村位于房山区，地处华北平原与太行山交界地带，西部和北部是山地、丘陵，东部和南部为沃野平原。山清水秀，山林广阔，林木覆盖率82.9%，目前已发展果园 2400 亩，盛产核桃、柿子、花椒等干鲜果品，是著名"磨盘柿"的故乡，是房山特产重点乡村之一。

2. 村庄问题

房山区辛庄村的现状比长峪城村好很多，村中有自己的卫生站，交通条件也相对便捷，但是我们在结合老年人对当地医疗卫生服务的意见后，发现了辛庄村凸显出的问题：

缺乏医疗专业人才，医疗设施如同虚设。在调查过程中，有一位赵爷爷向我们讲起："村里卫生站里的卫生员看病不行，大部分病都看不了,还是得跑到市区大医院去看病,太不方便了。"可见村中的卫生服务站似乎成了摆设,并没有为村民增添更多的便利,并不能让村民满意。卫生站人员的技术水平有限,在一定程度上可以说是如今北京市山区农村老年人医疗卫生服务的最大问题之一。

(三)医疗卫生服务的"典范"——密云高庄子村

1. 村庄概况

高庄子村坐落于密云县,位于北京市东北部、燕山山脉南麓、华北大平原北缘,是平原与山区交接地带。交通极为便利。县级公路穿境而过,距北京85公里、首都机场65公里,距京密高速公路出口25公里,京承铁路纵贯东西。

2. 村庄现状

高庄子村是一个幸福感很高的村子,我们从老人们的言语中感受到,老人们对国家的养老保险金等政策持感激的态度。我国在近几年对农村老龄化的现状出台相关应对措施,对于老人更是在医疗、生活、养老等方面做出许多扶持补助,主要的养老保险金和农村合作医疗颇为老年人造福,为他们提供了经济上的支持,在退伍军人方面,还有更多的优惠项目,让老年人的生活有了保障。

3. 村中正能量

退伍军人的优惠政策。在调研中,我们遇到一位退伍军人。常年参军,以至于无儿无女,身体也有很多不适,耳聋、腿脚不便等。但老人非常乐观,他说在邻居朋友、村委干部的帮助下生活还算顺利。在与老人面对面的深入交谈中,老人表示,因为是退伍军人身份,村里给他的养老保险金为每月400元,免费享受农村合作医疗给予的优惠政策,为自己日常开销省了很大一部分钱。老人对于现在的生活表示很知足,国家对退伍军人的补贴政策以及对老年人的补贴政策是现在老年人生活的有力保障。

村委会的应急药箱。在我们与村委会书记的交谈过程中得知,村委会设有应急药箱,里面有碘酒、云南白药、板蓝根等常用医药品,用于村民在来不及去卫生站时,暂时缓解病情。值得一提的是,村委会书记还细心地留意药品的生产日期，及时处理过期的药品，以免造成严重的后果。

4. 经验借鉴

交通条件优越，看病就医便利。在密云高庄子村，我们最大的感受，就是它优越的交通条件。虽然毗邻高速公路的优势，并不是每一个村庄都可以借鉴的，但是它公共交通发达，确实是可以值得其他村庄借鉴的成功经验。在长峪城，由于每天只有两次的公交车，导致我们在调研过程中，经常听到村民抱怨；但是如果向高庄子村学习借鉴，增加公交车车次与线路，一定会给村民看病就医带来极大的便利。

发挥自身优势，提高经济效益。笔者认为山区农村可以根据因地制宜的原则，发挥自身优势，开展相关产业的建设。我们在高庄子村的调研过程中，发现该村土地利用率高，村民家家户户都种植了大量果树，为其带来了一定的经济收益，缓解了医疗费用的压力。笔者认为，解决山区农村老年人医疗卫生服务问题，只依靠政府的拨款和现行政策是不能彻底解决现存问题。如果村民们也能依靠自己力量，增加一定收入，不仅可以提高村中经济效益，更可以资源利用最大化，身体力行地解决自身的医疗问题。

其实在看似贫困的长峪城村，也是有着自身优势的。长峪城村地处深山，风景优美并留有众多古迹，若加以合理开发与宣传，即可发展优质的旅游产业。依托旅游产业，一方面可以增加就业机会，把部分外出谋生的年轻人们拉回来，以便提高村民的经济效益，手中有更多的资金去买药治病；另一方面也可以增加当地公交车发车次数，为当地老年人到外就医提供便利。

综上所述，发挥自身优势，是改善山区农村老年人医疗卫生服务的一种新的思路。

推广创新模式，惠及广大村民。我们在与村干部的交流之中得知，有一种"医养结合"的医疗服务模式即将在高庄子村实行。以社会福利中心作为便民服务点，每周四医护人员都会到福利中心进行上门巡诊，如遇特殊情况还可以随时上门提供医疗服务。同时，通过给老人建立健康档案，实行分级护理和成立慢性病俱乐部等方式，让医疗服务更有的放矢。

在调研的村子中，我们只在高庄子村发现有"医养结合"的医疗服务模式，高庄子村率先推广惠及广大村民的创新模式，不仅能缓解老年人现有的医疗问题，还能够防微杜渐，为村中老人提供更好的医疗卫生服务。

若其他村子也能够像高庄子村一样，推广创新模式，笔者相信，这对山区农村老年人的医疗卫生状况，也会有着不小的促进。

三、山脚下的夕阳与破云后的光芒：问题与需求剖析

（一）山脚下的夕阳：医疗卫生服务的问题

1. 新农合制度仍不够完善

新农合补偿机制不健全。在我们调查的488位老年人中，大部分人都参加了新农合。新型农村合作医疗制度是以大病统筹兼顾小病理赔为主的农民医疗互助共济制度。这个定义显示出新型农村合作医疗制度是用来着力解决农民的大病医疗费用的问题，而门诊、跌打损伤等不在该保险范围内，这项规定使得农民实际受益没有预想的那么大。"看病贵"是医疗机构服务价格高低与患者支付能力程度的反映（黄志强，2007）。

辛庄村的何奶奶说："我们老人上了年纪之后，由于骨质疏松，四肢酸痛，难免磕碰，但是新农合对于这种小病，并不在保险范围内，这方面的医疗费用占了我们日常支出的很大一部分。"

在我们走访的几个村子中，这样的现象并不少见，大多数老年人认为看病贵影响了新农合的发挥。一方面主要是因为看病的检查费和住院费依然昂贵，大多数报销的定点医院的级别都相对较高，因此定点医院的药价也会高于市场价；另一方面，定点医院很多都存在不合理收费的现象，开贵药、开好药和反复检查增加了农村老年人看病的额外支出，使本来看病贵的老年人承受的经济压力雪上加霜。

医疗救助本身的目的是帮助特困人口减轻医疗费用的负担，但由于新农合对大病病种限定的范围有限，很多患有划定病种范围之外的老年

人无法享受到医疗救助。而绝大多数的多发病未被划入救助病种之内，使很多患病的贫困人口无法得到救助。起付线偏高，造成特别贫困而又患有大病的老年人很难真正从医疗救助中受益。

新农合报销宣传力度不足。调查结果显示，有近一半的老年人不了解新农合的报销机制。关于报销比例，报销起付线，老年人各执其辞，没有统一的认识。有些老年人对新农合了解不深，怕政策有变，有认为是把自己的保险金拿去补偿了别人等顾虑。现有的宣传多集中在介绍新农合给老年人带来的表面好处，没有加强老年人的风险意识。宣传时并没有跟老年人说清楚理赔标准，很多老年人去市区医院花费高额费用看病后，最后却发现大多数费用都无法报销，会有一种被欺骗上当的感觉。

新农合制度各地区不统一。新农合制度在各地区的交费数额、交费时间、收费人员等诸多方面都没有一个统一的标准。到目前为止，新农合制度并没有一个顶层的规范性文件，就连工作人员对于新农合的解读也是模糊的。参与新农合的患者，是完全自费后拿着医院开具的发票到所在辖区政府机关申请报销。以北京的特殊病患者为例，各个区县报销比例就不相同。同样的癌症患者，顺义地区病人的报销能达到55%，延庆、怀柔的比例更高，而门头沟的只能享受40%的报销比例。但这40%并不是申请就都能报销的。比如只有放疗收据的小部分西药可以报销，而拍片等其他费用则不在报销范围之内，这样下来，10万元的放疗费用在门头沟能报销的只有不到3万元，而在延庆可以达到7万元。另外癌症患者常年要吃中草药，门头沟的合作医疗规定草药里如果没有放化疗成分是一分都不报的。

2. 农村卫生基础设施滞后

基层医疗服务技术水平低。山区农村基层医疗建设还是比较薄弱，我们走访的几个村子中大多数并未设置正规的社区医院，只在乡镇有卫生院，老年人看病买药路程较远，有突发疾病时难以得到及时救治。而镇卫生所往往设置较远，设施也相对简陋，只能医治简单的头疼脑热，对于大病，老年人还是只能去市区的大医院。

我们调查发现，距离医疗机构越远的家庭，往往又是道路条件最差的。例如昌平区长峪城村，村内没有卫生所，镇医院离村子15公里。"有什么急病，送到那儿也不行了"，长峪城村主任如是说。我们走访的农村大多在大山深处，地势险要，就算是有相当车龄的老司机开车进出村也要小心谨慎。有的村子虽然已经修好了公路，但是直达村里的公共交通并不像城市里那样方便，老年人想要出一趟村子更是困难重重。上述情况表明，政府在大力推进新型农村合作医疗的同时，应加强偏远农村医疗卫生机构的建设，应给予偏远农村政策上的倾斜和资金上的支持。否则，越是需要医疗保障的地方越是享受不到新型农村合作医疗带来的优惠。

基层医疗服务专业人员少。基层医疗机构本应发挥自身优势为农民提供更加便利的服务，但是技术、设备的不足成为主要的制约因素。（常文虎，2007）北京市对乡镇卫生院配置情况研究表明，基层医疗机构人员存在"三多两少"局面，医疗服务队伍数量不足，结构严重不合理，导致医疗水平不高，服务能力不强，不能满足广大群众防病治病的需要。改善卫生院人员结构仍然任重道远。

一是缺乏医疗服务业务骨干和学科带头人，服务能力普遍不高。尤其是乡镇卫生院人才结构不合理，相当数量的人员不具备上岗资质，技术服务能力普遍不高，一些危重病人抢救、疑难病的诊治和一般难度的手术在大多数乡镇卫生院难以开展。二是医疗机构专业技术人员紧缺。实际在岗医疗专业技术人员不足。三是医疗技术水平低，服务能力不强。近几年有些医疗结构配备了门类齐全的检查检验设备，但因无技术人员操作，造成大量的设备闲置。

（二）破云后的光芒：医疗卫生服务的需求

1. 促进新农合制度的规范化

我们认为最好可以有一部可以规范新农合制度的法律性文件，最低限度也应该有一部行政法规作出对交费数额、交费时间、收费人员、收费前告知、签约后收费、报销起付线数额、封顶线数额、报销比例、报销项目、不予报销的项目、报销所需证据的种类、转院制度、维权程序的统一规定。对于全国统一规定影响公平的部分，也应由省级立法机关

制定规范性文件，最好是地方法规，便于农民对自己的行为有预见性，少走弯路。(刘峰，2011)

2. 提高基层医疗服务的质量

大量普及村卫生所，缩短山区老年人就医路程。一是在老年人有突发疾病时，可以先进行紧急救治，以增加安全系数。二是在日常生活中，有小病可以有医生诊治，开正确的处方。三是对于患有糖尿病，高血压等慢性病的患者，需要长期买药的医疗状况提供方便。提高乡镇医院的医生综合素质、医疗技术水平和医疗服务能力，合理应用医疗设备，使乡镇医院的任务从现在的疾病治疗转变为疾病预防与疾病治疗并重。

3. 多渠道普及新农合政策

通过开讲座、发宣传册等方式，向村民们普及新型农村合作医疗的相关知识。及时通过广播等方式告知村民们国家的新政策。让村民们对于参加新农合更有积极性，了解如何维护自己的合法权益。

六、夕阳伴我成长：思考与收获

1. 规范国家政策，健全医疗制度

完善对农村老人定期免费体检制度。农村老年人缺乏基本的医学常识，对自身健康状况不够重视，经常小病酿成大病。因此，为农村老人完善定期免费体检制度十分重要，及时发现病情，及早治疗，定能帮助不少农村老人。而很多地方能够虽有定期免费体检，但是很多老人不愿去或者不方便去，这时一方面可以利用医疗机构或者医院亲自下到农村去帮助体检，另一方面可以动用村委会的力量，动员农村老人自觉体检，或者由村委会提供交通设施，帮助老年人体检，同时加强科学医疗知识的宣传，对老人进行健康教育和预防保健教育，让农民树立正确的医疗观，防止因胡乱用药而对老人造成伤害，提高老人的健康水平，提高老人的医疗质量。

对农村老人提供心理咨询服务。现如今如何健康地老化是每一个人都要思考的问题，在老化的过程中，老年人在心理方面会有很大改变。要让农村老人从内心接受正在老化和多病的自己是很难的，因此，对于老年人的心理健康的关注尤其重要，不要以为心理健康并不能算是医疗问题，老年人的心理问题依然是影响老年人健康的重要因素。因此，为老年人建立完善的心理咨询体系也十分重要。

构建老人救助体系。按照政府救助和社会互助相结合的原则，构建多层次，多元化，多项目的贫困老人救助体系。确保农村老人的最低生活保障和医疗保障制度的建立，通过政府救助、多渠道筹集资金、对特困老人实行救助，大力倡导多种形式的扶老助贫送温暖活动，保证特困农民"老有所医"、"病有所治"加强对乡镇医院的管理。

推进农村"医养结合"。医养结合是养老服务的充实和提高，就是从新审视养老服务内容之间的关系，将老年人健康医疗服务放在更加重要的位置，以区别传统的单纯为老年人提供基本生活需求的养老服务。既包括传统的生活护理服务、精神心理服务、老年文化服务，更重要的是包括医疗康复保健服务，具体有医疗保险服务、健康咨询服务、健康检查服务、疾病诊治和护理服务、大病康复服务以及临终关怀服务等。（杨景亮，2012）

2. 加大扶持力度，促进经济发展

加强农村基础设施建设。特别是农村交通设施建设，在村村通公路的基础上，提高乡村公路质量，充分发挥乡村公路的作用，提高其利用率，同时加强与老人健康有关的基础设施建设，提高老人的健康水平，保证老人的生活质量。

技术和科学仪器投入建设。乡镇医院技术落后，缺少必须的科学仪器，设施陈旧，技术人才匮乏，降低了农村医院的治愈率，而乡镇医院又是农村唯一的正规医院，加强对医务人员的医疗技术培训，特别是科学检查技术的培训，同时增加必须的科学仪器，减少其误诊率，提高乡镇医院的信任度，使其充分发挥在农村合作医疗及保证老人医疗治疗质量中的作用。

3. 增加人力支持，丰富老年生活

招募志愿人员，贴近村民。招募志愿者，让志愿者走进农村，贴近村民，走进农民生活，成为农民生活中的好伙伴。志愿者既可以帮助料理老年人的生活，又可以帮助老年人组织活动，丰富老年生活；与此同时，也可以增加志愿者的人生阅历，一举两得。

大力发展农村社会工作。社会工作在社会中发挥着不可忽视的作用，然而，当前社会工作者不被多少人认同和理解，更是没有多少乡镇愿意发展农村社会工作机构，但是实际上，农村社会工作可以很好的帮助照顾农村老人，通过专业的知识和理念去改善农村老年人的生活，这是社会工作者完全可以做到的。

参考文献

[1] 国务院人口普查办公室/国家统计局人口和就业统计司. 中国2010年人口普查资料 [M]. 中国统计出版社，2012.

[2] 王晛昀、段捷. 人口老龄化背景下北京城市社区老年医疗服务体系建设思考 [J]. 首都师范大学，2012.

[3] 姜广辉、张凤荣、秦静、张琳、宫攀. 北京山区农村居民点分布变化及其与环境的关系 [J]. 中国农业大学土地资源管理系，2006.

[4] 杨景亮. 老年人医养结合服务模式探究 [D]. 东北大学，2012.

[5] 黄志强. "看病贵、看病难"的经济分析与对策研究 [J]. 地方财政研究，2007.

[6] 常文虎，俞金枝. 北京市乡镇卫生院资源配置基本情况 [J]. 中华医院管理杂志，2007.

[7] 刘峰. 我国农村医疗保障制度改革的困境与突围 [J]. 湖南省社会科学界联合会，2011.

[8] 周文俊. 浙江农村老年人医疗保障现状与对策研究 [D]. 湘潭大学，2011.

附 录

调查问卷

北京山区老年人生存现状调查

您好！

我们是北京某高校的师生，为了解我市农村老年人医疗卫生服务需求状况，及时向政府有关部门提出合理化建议，我们组织了这次北京山村老年人医疗卫生服务需求调查。您是我们精心选择的调查代表，希望能得到您的支持和协助。本次调查的所有回答只用于科学研究，您只需要根据自己的实际情况，按题目要求选择合适的答案，填答不记姓名，完全保密。

衷心感谢您的支持和帮助！

祝您身体健康，万事如意！

北京某高校师生
2015 年 3 月

问卷填写说明：

没有进行特殊说明的都是单选题，请在选中的数字上划"√"，有特殊说明的请按题目的具体要求进行填答。

一、被访者基本情况

1. 您的性别：

①男　　②女

2. 您的年龄是：_____岁

3. 您的民族是：

①汉族　　②少数民族_____（请注明）

4. 您是党员吗？

①是　　②不是

5. 您家住在：北京市（　　）区（　　）乡/镇/街道（　　　）村

6. 您的文化程度：

①没上过学　②小学　③初中　④高中或中专　⑤大专以上

7. 您现在有老伴吗？

①有（请跳答第 8 题）　　②没有

8. 您的婚姻状况：

①丧偶（丧偶至今有_____年）　　②离婚或分居（_____年）③没有结过婚

9. 您家里有几口人？总数_____人，子女_____个，儿子_____个，女儿_____个

二、劳动与经济情况

1. 您有责任田_____亩，由_____种，种不了时由谁（_____）来帮种

2. 您一个月的经济收入大概是：
①500元以下　②500～800元　③800～1000元
④1000～1500元　⑤1500～2000元　⑥2000元以上

3. 您的主要经济来源是
①退休金　②乡镇或村的养老补助（如方便，请注明每月_____元）　③政府的最低生活保障金　④农业收入　⑤子女供给　⑥农村新型养老保险　⑦其它（如方便，请注明_____）

4. 家里钱由谁负责管理_____

5. 您每月的支出大概是
①300元以下　②300～500元　③500～800元　④800～1000元
⑤1000～1500元　⑥1500～2000元　⑦2000元以上

6. 您的支出主要在哪几个方面？（请按支出额度多少进行排序）
①日常生活支出②医药费支出③人情往来④生产资料支出⑤休闲娱乐⑥其他（如方便，请注明_____）

7. 您觉得自己的经济状况如何？①有较多结余②稍有结余③刚刚够④不够⑤很不够

三、养老方式

1. 您认为最理想的养老模式是：
①家庭养老　②敬老院或老年公寓（请跳答第6题）

2. 您选择家庭养老的主要原因是：①子女或第三代需要照顾②享受天伦之乐③不愿意离开现在熟悉的居住环境④支付不起入住养老机构的费用⑤可雇保姆或利用社区服务解决照顾问题⑥村里提供照顾服务⑦怕别人讲子女不孝顺⑦其他

3. 您认为家庭养老时如何居住最理想？①与子女分开居住②与子女一起居住（请跳答第5题）③其他方式（请注明_____）

4. 您认为和子女分开居住的好处是：

①不用子女照顾，不欠子女人情②不用看子女脸色行③生活不受干扰④开销少⑤其它好处（请注明　　　　　）⑥没有好处

5. 您认为与子女一起居住的好处是：①生活有人照顾②热闹③不孤独④可以享受更多的天伦之乐⑤生活丰富⑥开销少⑦其它好处（请注明　　　　　）⑧没有好处

6. 您选择敬老院或老年公寓等机构养老的原因是：①身边没有可以照顾自己的亲人②子女没有时间照顾③子女不愿意照顾④不想拖累子女⑤可以享受更好的服务⑥其它原因（请注明　　　　　）

7. 您现在在_____（①家　②敬老院）居住，和_____（①单独居住②和老伴一起住③与老伴和子女等家人一起住④与老伴以外的家人一起住⑤和同学、同事/朋友一起住⑥与敬老院的老年人一起住），

8. 您对现在的居住状况是否满意_____①很满意②满意③不太满意④不满意⑤很不满意）

四、健康医疗状况

1. 您觉得自己的健康状况怎样？

①不好　②还可以　③一般　④较好　⑤很好　⑥不好说

2. 您是否患有以下疾病？如果有，请注明年限。

①高血压　②心脏病　③中风　④糖尿病　⑤慢性肺病
⑥慢性肝病　⑦慢性肾病　⑧风湿性关节炎　⑨其它疾病

3. 您每个月看病次数：①一次以下　②一次　③二到三次　④三次以上

4. 您看病时会选择哪些医院就诊？①社区医院　②区级医院　③市内大医院

5. 您参加农村合作医疗了吗？_____，谁交保险费_____看病自付比例_____

6. 您每年所花费的医疗费用占您每年收入的多大比重？

①一半以上　②一半　③三分之一　④四分之一　⑤四分之一以下

7. 您平时看病方便吗？①很方便　②方便　③不太方便　④不方便　⑤很不方便

8. 您对您所在村为您提供的医疗服务满意吗？（选择①和②项的请跳答第 10 题）

①很满意　②满意　③不太满意　④不满意　⑤很不满意

9. 您对您所在村的医疗服务哪些方面最不满意？（最多选 3 项）

①村医院数量少　②医生技术水平不高　③医药费太贵　④医务人员服务态度不好　⑤医院设施不能满足需要　⑥没有专门的老年医院　⑦没有为贫困老人服务的义务诊所

⑧其他（请注明）：

10. 进入晚年您最关心的事情是（请排序）：

①健康　②国家大事　③晚辈的学习和工作　④晚年生活　⑤家庭事务

五、人际关系

1. 您有多少关系密切，可以得到支持和帮助的朋友？

①一个也没有　②一到两个　③三到五个　④六个或六个以上

2. 您与邻居：①相互之间从不关心，只是点头之交②遇到困难可能稍微关心③有些邻居很关心您④大多数邻居都很关心您

3. 您从以下家庭成员那里得到的支持和照顾较多？

①老伴②父母③儿女④兄弟姐妹⑤孙子女⑥其他成员

4. 您遇到烦恼与困难时，找哪些人寻求帮助？

①子女②老伴③老同事/老朋友④兄弟姐妹⑤邻居⑥亲戚⑦村委会⑧宗教团体⑨社会福利机构　⑩其他：（请注明）

5. 您与子女见面或聊天的情况如何？

①从来不见面或聊天　②一个月不到 1 次　③一个月约 1 次　④半个月 1 次　⑤每周 1 次　⑥每周 2~3 次　⑦每周 4 次以上　⑧没有子女

6. 您与邻居见面或聊天的情况如何？

①从来不见面或聊天　②一个月不到 1 次　③一个月约 1 次

④半个月1次　⑤每周1次　⑥每周2～3次　⑦每周4次以上

六、休闲活动

1. 您目前每天花在休闲活动上的时间大概是：

①从来不参加　②每天不超过2小时　③每天2～3个小时　④每天3小时以上

2. 对于下列电视、电台节目您收看、听的较多？

①新闻类　②电视剧或电影　③综艺节目　④知识类　⑤广告类⑥其他

3. 您现在每天参加下列休闲活动的程度大概如何？

①艺术类活动如：唱歌、跳舞、收藏等②锻炼身体/运动③打牌或下棋等④养宠物⑤和别人聊天⑥看书、看报⑦看电视或听广播⑧一个人在家闲呆着⑨其他（请注明）：

4. 您是否参与下列组织的活动？（可多选）

①党派组织②村委会③老年活动中心④商业/农业协会等协会组织⑤宗教团体⑥自愿性、福利性等非营利机构⑦社区中心或社会娱乐俱乐部

5. 您最希望您所在的村给您提供哪些活动场所和服务？（最多选4项，并进行排序）

①小草坪、小广场　②阅览室　③茶室　④健身房　⑤棋牌室⑥歌舞厅　⑦老年活动室　⑧托老所　⑩老年食堂　⑪老年婚姻介绍所⑫其它，请注明：

6. 您参加休闲活动的主要目的是什么？（最多选3项，并进行排序）

①消磨时间　②健康长寿　③结交朋友　④愉悦精神、忘却烦恼⑤学习提高　⑥没什么目的　⑦其他（请注明）：

七、精神生活情况

1. 您对现在的养老状况满意吗？①非常满意②满意③一般④不满意⑤非常不满意

2. 您有孤独寂寞的感觉吗？①经常有②偶尔有③没有

3. 您担心自己未来的养老吗？①非常担心②担心③有点担心④不担

心（直接跳答第 5 题）

  4. 您最担心哪一方面呢？①日常生活无人照料②生病时无人照料③没有足够的养老金④子女不孝顺⑤其它，请注明_____

  5. 您对现有养老政策的看法_____

  6. 您的最大愿望_____

我们的调查结束了，再次向您表示感谢！

关于自闭症儿童家庭教育康复的研究

学　　　生　游　娜
指导教师　胡　勇

摘　要：家庭教育康复对自闭症儿童的作用日益凸显，有效的家庭教育是自闭症儿童康复的基本保证。经研究发现，当前自闭症儿童数量在不断增加。但由于我国自闭症儿童康复研究的起步较晚，尚缺乏系统、有效的家庭教育康复方法，家庭教育康复水平亟待提高。为了对自闭症儿童的家庭教育康复进行开创性的探索，为自闭症儿童的教育康复提供科学合理的帮助，笔者利用专业实习的机会深入到北京市残疾人康复服务指导中心自闭症康复科，通过访谈与实地观察，对自闭症儿童家庭教育康复进行了深入调研。笔者发现，可以通过融合教育、个案介入来整合资源，提高家庭教育康复的质量，从而改善自闭症儿童的生活环境和生活质量，提高自闭症儿童康复训练水平。

关键词：自闭症　家庭教育康复　融合教育　研究

前　言

从20世纪末到21世纪以来，随着我国自闭症患者数量的不断增加，自闭症已从罕见病转变为流行病。我国自闭症患病率和世界其他国家相似，约为1%。以此推算，我国自闭症患者可能超过1000万，0~14周岁儿童患儿的数量可能超过200万。❶ 自闭症是先天的具有生物学基础的神经发育障碍，其核心症状将伴随患者终身，对患者及其家庭生活质量造成了严重的影响，给患者的生活带来了大量的问题。家庭教育对自闭症儿童来说最为重要，家长以及家庭环境在儿童的整体教育中有着不

---

❶ 中国自闭症儿童发展状况报告［R］. 2014.

可替代的作用。因此，为自闭症儿童教育康复提供科学合理的帮助，对自闭症儿童来说尤为重要，对他们提升生存能力，享受社会福利并且在未来自由地融入并服务社会，起着至关重要的作用。

就目前情况来看，我国自闭症康复教育资源相对比较匮乏，在自闭症康复教育方面的研究起步也较晚，虽然对自闭症的关注程度越来越高，很多学者也都意识到了家庭教育康复对自闭症患者的重要性，作为自闭症儿童的家长，要认识到自闭症儿童与正常儿童之间存在着差异，用正确的心态和方式面对。❶ 但目前，在家庭康复教育方面还没有系统的康复方法。自闭症患儿的家长依然没有科学的方法辅助孩子的治疗，仍然把全部的希望寄托于康复机构。自闭症儿童的家庭教育康复仍然很薄弱，没有达到应有的效果。

相对于国内，国外对自闭症的研究起步早，发展更加成熟。美国特殊教育专家 Woolfenden S. 指出：医学的终点是教育工作者的起点。目前医学机构只是采用量表和通过观察为自闭症儿童作早期干预与诊断，并通过药物来控制、缓解确诊儿童的症状，但医学手段不能从根本上解决自闭症儿童的问题，只能从教育方面着手，来改善他们的障碍，促使他们逐步向常态方向发展。❷ 国外的研究更广泛地涉及实践和效果，家庭教育康复也成为自闭症康复中重要的一环。

笔者利用专业实习的机会深入到北京市残疾人康复服务指导中心自闭症康复科，通过访谈与实地观察，对自闭症儿童家庭教育康复进行了深入调研。笔者通过进入自闭症儿童的课堂，与自闭症儿童老师的交流中，对自闭症有了更深入的理解。在与自闭症儿童家长的交流中，笔者发现了在家庭教育中存在的一些问题。笔者希望从社工的专业视角对自闭症儿童的家庭教育康复进行探索研究，并提出切实可行的改进措施。

---

❶ 叶发钦．自闭症儿童家庭教育中家长的自身建设[J]．湖南中学物理·教育前沿，2009．

❷ Woolfenden S, Sarkozy V, Ridley G. A systematic review of the diagnostic stability of Autism Spectrum Disorder [J]. Research in Autism Spectrum Disorders, 2012 (1)：345-354.

一、相关概念与理论

为了更深入地对自闭症儿童家庭教育康复进行研究，笔者运用到了以下的概念与理论。

（一）主要概念

1. 自闭症

患有自闭症的儿童，又被称为"来自星星的孩子"，具有广泛性发育障碍，以男性居多，一般会在三岁以前表现出来，他们会出现重复刻板的行为、兴趣面狭窄、拒绝与人交流、语言发育迟缓、社交方面有障碍、智力方面存在缺陷。[1] 虽然普遍认为自闭症不能被完全治愈，但通过药物和康复训练可以减轻症状。

2. 家庭教育康复

康复主要分为四大类，即医疗康复、教育康复、职业康复以及社会康复。本文主要从家庭的教育康复入手，了解自闭症儿童家庭教育康复的情况和效果。

家庭教育对自闭症儿童来说十分重要，自闭症儿童的康复是一个十分漫长的过程，父母作为孩子的第一任老师，其价值、意义以及其对孩子的影响也就显得尤为重要。家庭尤其是父母的作用是至关重要的。任何教育都无法替代家庭教育，父母的方式和态度对于孩子可以起到决定性的作用。父母是教育康复的主要角色和孩子的决策者，家庭康复也将伴随孩子一生。家庭是教育的重要场所，家庭教育训练是机构教育的延伸和扩展。对自闭症儿童的康复起到了决定性的作用。

因为自闭症儿童的特殊性，自闭症儿童的家庭教育康复主要以生活需要的最基本技能为首要内容，并且要训练基本的社交技能和遵守一般的社会规则。同时还要巩固和复习老师在机构教授的内容，泛化并应用于生活中。

---

[1] 中国残联康复部. 孤独症儿童康复工作现状、问题及对策［EB/OL］. http://www.gzautism.cn/Article/ShowArticle.asp? ArticleID=495.

（二）理论阐释

1. 社会支持理论

在社会中，一个得以维系正常生活的至关重要的条件就是人与人之间的相互支持，每个人都是社会中的人，而不是单一的个体，需要社会的支持才得以发展。

社会支持从广义上说就是一个人感受并收到的来自精神和物质上的帮助和服务，将正式社会支持与非正式社会支持相结合，主要从物质和心理两个层面提供具有实质性的帮助。

根据社会支持理论，拥有社会支持网络的情况，直接影响到了一个人迎接挑战、克服困难的能力。一个人所拥有的资源由社会资源和个人资源两部分组成。作为社工，能做的就是提高其个人应对的能力和自我功能，为社会功能和社会网络不足的个体提供必要的帮助。

2. 优势视角

生活中，一定会遇到层出不穷的问题，一个积极的心态可能就会改变最终的结果。无论是面对自己的困境还是他人的问题，都应该充满正能量，善于利用资源。

优势视角强调关注人的内在力量和优势资源。相信每个人天生就有能力，可以利用资源来改变自己，提升自身能力。优势视角的重点在于帮助案主挖掘并认识其自身优势，以此来解决问题。优势视角认为，每个人都是可以改变的，都应得到尊重，都有尊严和自身的价值。[1] 并且，每个人都有力量和资源解决自身的问题，都具有在困境中生活下来的抗逆力。

3. ABA 行为疗法

ABA 即 Applied Behaviour Analysis，是一种在自闭症治疗中常用的行为疗法。把自闭症儿童需要掌握的技能分解成可执行的几个行为单元，用特殊的手段逐一对每一单元的内容进行教授直到掌握并能独立完成。之后把已经教授并掌握的内容串联形成更为复杂的行为。

---

[1] Barbra Teate. 社会工作理论与方法 [M]. 余潇，译. 上海：华东理工大学出版社．

二、研究对象情况分析

为了更准确地了解当前自闭症儿童家庭教育康复的情况及存在的问题,笔者对北京市某自闭症康复中心的 20 位家长做了访谈,根据访谈结果做了汇总。

(一)自闭症儿童的情况分析

在北京市残疾人康复服务指导中心康复的自闭症儿童有 70 人左右,为了保证访谈的质量,笔者从中心的自闭症儿童中选择了 20 名儿童作为研究对象。

1. 年龄

由于中心所服务的群体是学龄前儿童,因此研究对象均在 6 岁以下,因为中心所接收的儿童以 3 岁以上为主。所以此次研究对象以 4~6 周岁儿童为主,占全部研究对象的 85%(见图 1)。

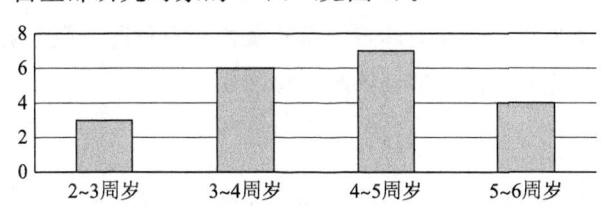

图 1　自闭症儿童年龄分布情况

2. 性别

因自闭症本身患病率的特点,中心的 70 名儿童中,只有 4 名是女孩,研究选取了 19 名男孩和 1 名女孩作为研究对象(见图 2)。

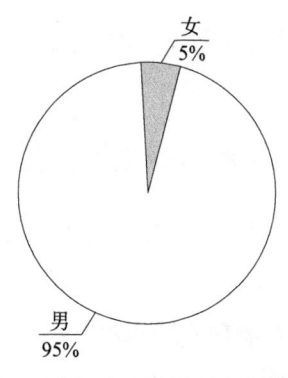

图 2　自闭症儿童性别分布情况

（二）自闭症儿童家长的情况分析

1. 家长的学历

家长的学历以本科及以上为主，普遍受教育程度较高（见图3）。从而可以看出，家长有能力根据科学系统的方法对自闭症儿童进行家庭教育康复。

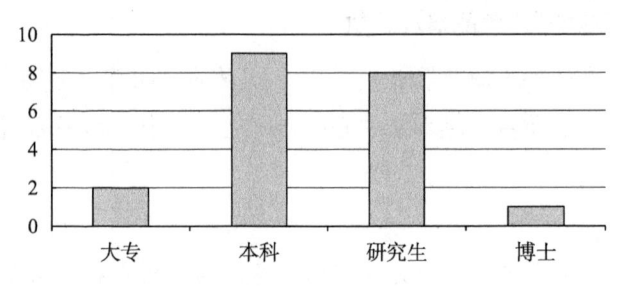

图3 自闭症儿童家长学历分布情况

2. 家长对接受家庭教育辅导的意愿

经过对康复中心家长的调查，所有家长都有意愿接受家庭康复辅导，希望能对自闭症儿童的康复训练起到辅助作用。

（三）康复机构的情况分析

自闭症康复机构现已为自闭症儿童开设了大量有针对性的康复课程，来帮助自闭症儿童进行康复训练，同时，也为自闭症儿童家长提供了讲座及培训。虽然，家长都有意愿接受培训，但是家长对儿童课程的关注度更高，在自闭症儿童课程与家长培训的时间相冲突时，家长更愿意在教室外关注孩子的上课表现，导致家长培训的实际参与度并不高。家长更为依赖机构老师对儿童进行康复，而忽视了家庭教育对儿童康复所起的作用。

三、自闭症儿童家庭教育康复中存在的问题分析

通过实地观察和对自闭症儿童家长进行访谈沟通，笔者发现在自闭症儿童家庭教育康复中主要存在以下三大类问题。

（一）家长对家庭教育康复的重视程度不够

家庭是孩子一生中最重要的场所，父母是陪伴孩子时间最长的老师，

家庭教育康复的重要性毋庸置疑。访谈结果也是如此，20位家长都认为家庭教育康复十分重要。但很多家长都不认为家庭教育康复是最重要的。20位家长中，有12位家长更相信机构的老师，占到总人数的60%；有1位家长则更相信医疗手段，占总人数的5%；有3位家长则不确定何种方式更有效，占总人数的15%；只有20%的家长认为父母、家庭的教育对孩子才是最重要的（见图4）。

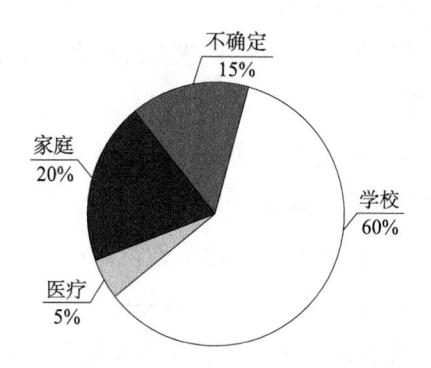

图4　影响自闭症儿童康复的因素

结果显示，大部分家长都过度依赖康复机构的教育，还有少数家长仍然相信可以通过医疗手段将孩子治愈，对此，笔者感到十分震惊。所有的研究都有显示自闭症几乎是无法治愈的，但仍有家长愿意相信并希望尝试用医疗手段来改变孩子的现状。在机构和家庭的重要性上，有学者在研究中提到过：单纯依靠机构和老师，孩子是不可能达到理想状态的。家长必须从自身开始重视并真正参与进去，不断学习和总结，才能使自己和孩子受益长久。[1] 通过观察和了解，笔者也发现现在国内的自闭症儿童教育制度并不完善，甚至对从事该职业的教师的专业技能都没有统一的衡量标准，许多老师的专业与教育、特教都不沾边。所以，在自闭症儿童教育市场还很混乱的今天，家长、家庭教育的作用尤为凸显。

通过访谈笔者发现，面对自闭症儿童时很多家长表现出不知所措，他们希望孩子好，却又感到力不从心，对于一个这样的孩子，有的家长

---

[1] 王梅，李翠. 北京市孤独症儿童早期干预现状调查 [J]. 孤独症康复研究，2005，7.

甚至感到自责、懊恼，总希望找到一个捷径让自己的孩子和其他同龄孩子一样。绝大多数家长认为老师就是权威，而忽视自己的重要性。也有极少数家长在孩子经过了一段时间康复，但进步不明显时，就有一种病急乱投医，甚至是死马当活马医的心态，希望通过医疗手段彻底改变现状。

（二）缺乏系统的理论知识

通过访谈笔者了解到，许多家长在发现孩子是自闭症后，大量地去查阅有关自闭症方面的内容，听讲座，与自闭症老师、医生进行沟通了解，对自闭症以及自闭症康复训练都有或多或少的了解。但是，从这些途径所了解的内容并不全面系统，无法使家长对孩子进行有效的家庭康复训练。此外，自闭症在国内研究起步较晚，许多资料还不完善，康复机构用的基本都是 ABA 理论，从美国回来的老师说，在国外人们还会应用到 VB—MAPP❶ 等其他书籍，但这些书并没有中文版，家长很难对此进行系统的学习。绝大多数家长对理论知识都是略知一二。

（三）家庭教育康复过程中存在问题

1. 训练内容过于单一

父母在对自闭症儿童进行家庭教育康复的过程中，过于重视对自闭症儿童语言以及认证能力的训练，认为孩子的语言能力是最为重要的，从而忽视了自闭症儿童在其他方面能力的提高，没有让孩子做到全面的发展。使自闭症儿童的沟通能力、理解能力没有得到有效的提升。

2. 训练没有明确的目标

有许多的家长在对自闭症儿童进行家庭康复训练时，并没有一个明确的目标，只是单纯地为了训练而训练。没有理解训练只是一种手段，是为了提高自闭症儿童的能力。就像平时练习的串珠子，串珠子只是一

---

❶ VB—MAPP 即语言行为里程碑及安置程序，来源于斯金纳关于语言的分析、行为分析的基本原理和儿童发展的里程碑，是一套比较完整和优良平衡的评估方法，可以帮助确认那些妨碍孩子学习和语言进步的障碍，有助于为孩子发展出一套个别化干预的程序而提供方向。

个训练手段,是为了提升自闭症儿童的注意力以及协调性,通过这种手段来吸引孩子的注意,使其能将关注点放在一件事情上。训练只是一种辅助的手段,明确训练目标才是真正的关键,训练的手段、方式可能会有所差别,但目标都应是围绕让自闭症儿童的综合能力得到提升,使其能更好地融入到今后的社会生活中去。

3. 训练形式不够灵活

家长对孩子的训练过程中,存在着一个非常严重的问题。家长总是将训练与休息、玩耍分离开,训练就是完全的训练,使整个训练过程非常枯燥、无聊,孩子很难提起兴趣,不愿意接受训练,从而不能达到预期的训练效果。既浪费了时间,也没有显著的效果。

就像老师提到过的,一些简单的生活技能就应该在生活中培养,比如穿脱衣服,不用特别来练,只要保证每天在需要的时候督促、指导孩子完成就可以了,否则可能起到负面影响。有一个真实的例子,一个老师把穿脱衣服作为上课的一部分反复进行练习,结果学生形成了习惯,每当进教室后就会自动脱衣服、脱鞋。为了纠正这个错误行为,又占用了大量的课堂时间。课堂时间是有限的,像这些基本的行为规范就应该融入到生活中,顺其自然地完成。

4. 进行过度的干预

家长在对待孩子的过程中总是在不断地干预。反复地让孩子进行训练、练习,忽视了孩子自身的真实想法、意愿,剥夺了孩子锻炼自主能力的机会。在孩子出现问题时,总是在督促改正,不能正确地分析产生问题的真正原因是什么。影响了孩子自主意识的确立,将自己的想法强加于孩子。家长总会有望子成龙、望女成凤的想法,不自觉地就会把自己认为对的事,落实在孩子的身上。访谈中,很多家长都提到相关内容,家长对待康复的态度就是,无论孩子的态度、反应如何,一定要完成家长所布置的任务。

四、对策及建议

针对以上问题,就自闭症儿童家庭教育康复,笔者对家庭、社会以及康复机构，提出了如下的对策及建议。

（一）家庭层面

1. 明确家庭教育康复的重要性

家庭毫无疑问是成长过程中最为重要的。孩子来到这个世界上，首先从父母这里学会认识世界，父母的言行举止、家庭氛围，每时每刻都在给孩子产生着影响。而目前我国训练机构数量少，训练时间短，费用昂贵，而自闭症儿童不管是否去训练机构训练或到学校学习，几乎2/3的时间都是生活在家庭之中，家庭是影响儿童康复与训练非常重要的因素，家庭对患儿的康复是具有关键作用的。[1] 因此，父母对孩子的家庭教育康复训练非常关键，正确的引导训练可以有效地帮助孩子提高自身能力。家庭教育康复更能从生活中的细节训练孩子，潜移默化地影响孩子。

2. 构建和睦的家庭氛围

由于自闭症儿童病症的特殊性和长期性，使得许多自闭症儿童家长的心态出现了不确定性，其中逃避、消极、悲观是大多数自闭症儿童家长的心理倾向。家长要及时调整好心态。家庭关系和睦，家庭成员间互相支持，拥有一个良好和谐的家庭环境与家庭氛围，是开展家庭训练的前提和保障。自闭症儿童只有在和睦的家庭氛围中才会更加快乐地成长。

作为社工，可以进入到自闭症儿童的家庭中去，了解其家庭的诉求，对有需要的家庭开展个案，改变家长的消极心态，改善自闭症儿童家庭氛围。

3. 科学地进行家庭教育康复训练

家长要不断提高自身的知识结构和内容，努力学习自闭症儿童教育的相关理论内容以及自闭症儿童康复训练的方法，采用科学、系统的方法带领孩子共同战胜自闭症，走出自我封闭的世界，融入到社会中去。

家长对自己的孩子要有正确的认识和切实可行的目标，不可以医代

---

[1] 李晓红，王煜. 家庭文化资本对自闭症儿童康复的影响调查［J］. 长沙民政职业技术学院学报，2012.

教,或对孩子的期望值过高或过低,产生不切实际的想法,以积极平和的心态投入到孩子的康复训练中去。

4. 站在孩子的角度思考

细心观察,全面了解孩子,全面分析孩子,知道最需要教孩子什么,孩子在家里最喜欢和不喜欢什么。列出孩子的主要优势、潜在能力及主要困难、主要行为问题,作为制定教学计划的依据。

寻找关注点,看看孩子在做什么。比如孩子的游戏,游戏类型或者游戏涉及了哪些核心学习经验,要以支持的方式与孩子互动,而不是主导孩子的游戏,对孩子进行细致的观察,比如:对活动表现出犹豫不决;停止了正在进行的游戏。请求帮助;正在进行一个新奇或者耗时长的活动;很享受自己在做的游戏;自言自语;看其他孩子游戏;重复同样活动;犹豫着靠近或试图加入其他人活动;探索新材料;尝试做一些复杂的事情或事物;能让其他人都加入游戏;安静或沉默;生气或沮丧。

家长要支持孩子,靠近孩子,同孩子处在一个水平线上,孩子趴在地上玩球,家长也要趴在地上;当和孩子在一个视觉水平线上时,就能更好地看到孩子看到了什么,同时,也可以变成孩子的游戏伙伴。适当保持沉默能够让家长更好地倾听孩子,更加关注孩子的动作或语言。这样也让孩子意识到父母对他所做的事情感兴趣,支持他所做的事情,而不是打断孩子。观察一个孩子,站在孩子的角度考虑问题,就可以形成一个互动计划,加入孩子的游戏,了解孩子的想法。

(二) 社会层面

1. 加强融合教育

融合教育秉承的是回归主流的基本理论,让残障儿童可以进入到普通的幼儿园、学校进行学习生活,针对孩子的不同情况来设定不同的学习目标,更加重视小组合作学习,在学习过程中让残障儿童可以真正地融入到同辈群体中,适应学校、社会这个大环境。

笔者认为应当创办更多融合教育的学校、幼儿园,让自闭症儿童能真正地进入社会大环境中。让有能力的自闭症儿童步入正轨。毕竟自闭症儿童和智障、聋儿不同,家长不愿意,他们也并不适合特殊教育学校。

促进自闭症儿童社会性的发展，是自闭症儿童康复训练的精髓、核心与最终目标，何种类型的自闭症患者的康复教育，都是如此。❶ 但是，目前针对自闭症儿童的康复机构，基本只面向学龄前的儿童，6周岁以后，许多孩子将"无处可去"。融合教育是他们融入社会生活的唯一途径，应该为自闭症儿童提供社会支持，从社会的大环境中接受他们。

2. 经济支持

在经济方面为孩子们提供帮助，让那些家庭经济条件不好的孩子，不因为经济原因得不到有效的康复训练。有研究显示：自闭症家庭有经济援助的需要，最焦虑的是教育需要，还有强烈的对自闭症患者保障的社会保障需要。❷ 自闭症应尽早治疗，随着自闭症儿童年龄的增长，康复效果将越来越差。普遍接受干预的高峰期出现在3~4周岁，与诊断的高峰期2~3周岁相比，从诊断、确诊到干预有一年左右的时间间隔，可以说大部分自闭症儿童错过了3周岁前这个早期干预的黄金期。❸ 所以，更不应该因经济错过最佳的康复时间。

社工可以介入到自闭症儿童家庭中，整合资源，改善自闭症儿童家庭的困境。虽然没办法直接为他们提供物质上的帮助，但可以帮助他们联系各种社会组织，及时将政府的最新动态及相关政策转告给自闭症儿童家庭，让他们能享受到社会福利。

3. 真正地接受自闭症儿童

虽然现在自闭症已经很常见了，但仍有许多人没有从心里接受他们。在康复中心，有的孩子的父母因其是自闭症而离婚，导致家庭破裂。还有一些家庭怕邻居笑话，特意搬到没人认识的地方，很多家长都不许孩子参与大型活动，担心媒体会报道，留下影像资料，让孩子的情况曝光。很多孩子的家长急于治疗、到处求方，就是为了孩子能顺利地进入小学，抹掉这段"不光彩"的历史。

---

❶ 甄岳来．孤独症儿童社会性教育指南［M］．北京：中国妇女出版社．

❷ 温谋富．自闭症儿童家庭的社会福利需要［J］．社会工作，2009（6）．

❸ 黄辛隐，张锐，邢延清．71例自闭症儿童的家庭需要及发展支持调查［J］．中国特殊教育，2009．

其实每个父母都是爱自己的孩子的，无论他们健康与否，家长也是因为爱子心切，才会过分依靠康复机构，甚至是听信一些虚假广告。而造成这一切的缘由还是因为社会大环境没有真正地接受自闭症儿童。只有社会真正地接受了他们，自闭症儿童才会有一个良好的康复环境，才能顺利地进入社会。

4. 积极发挥社工的作用

作为社工，可以以优势视角和社会支持理论为依托，介入到自闭症儿童的家庭中，帮助他们整合现有资源，为其提供家庭服务，改善和扩大自闭症儿童家庭的社会支持网络，树立起孩子对生活的信心，帮助自闭症儿童建立一个可依赖的家庭环境，改善其家庭的生活质量。促进家庭教育康复的发展，相信经过努力，自闭症儿童一定会有进步，一分耕耘，一分收获，只要有付出就会看到回报。此外，可以对自闭症儿童家长提供服务，帮助他们改变不良心理，帮助他们树立一个积极的心态，积极地面对孩子、帮助孩子。还可以通过小组的方式开展活动，促进家长之间的交流。

此外，社工还可以走进自闭症儿童的社区、学校，让更多人了解他们、接受他们，虽然不能改变别人的想法，但作为社工可以把真实的自闭症儿童展现给大家，不求每个人都能接受他们、喜欢他们，只希望更多的人给予他们包容与理解。在康复的专业内容方面，社工可以整合资源，提供培训信息，组织家长进行经验的交流与分享。

作为社工，在自闭症方面的专业知识可能尚有欠缺，但可以帮助自闭症儿童建立一个安逸、稳定的家庭环境，以此来促进家庭教育康复的发展。虽然可能无法直接参与到家庭教育康复中，却可以协助自闭症儿童家长提高家庭康复的质量，成为自闭症儿童家庭的一个依靠，和他们共同成长。

（三）专业康复机构对家庭教育康复的指导

1. 理论层面

专业机构应该定期开展家长培训，毕竟理论是实践的基础，只有提高了家长在这方面的专业素质，家长才能为孩子开展更为有效的家庭教育康复。自闭症康复教育的理论很多都来源于国外，作为专业机构，应该拿更多案例和大家分享，一起帮助自闭症儿童进步。

作为社工，可以统合资源，为家长提供培训的相关信息，联系机构，定期对家长进行理论知识的补充、交流。

2. 实操层面

读万卷书，不如行万里路，只依靠理论知识，家长未必能将理论与实践相结合。笔者认为，教育机构应该采取更多形式的授课方式，让家长和孩子一起进课堂，老师手把手地教家长如何对自闭症儿童进行康复训练。相比于老师，父母与孩子相处的时间更长，也更加了解自己的孩子。只有家长学会了如何对孩子进行康复训练，康复才不会终止。

结 论

首先，自闭症儿童的数量日益增长，家庭教育康复对于自闭症儿童来说是至关重要的。家长已经对家庭教育康复有了一定了解，只是缺乏系统的理论知识与方法。其次，来自社会的压力以及家长的心态问题，也阻碍了自闭症儿童康复。教育康复是一个漫长的过程，只有一个温暖和睦的外部环境才能为自闭症儿童营造一个舒适的康复环境。

参考文献

[1] 中国自闭症儿童发展状况报告 [R]. 2014.

[2] 叶发钦. 自闭症儿童家庭教育中家长的自身建设 [J]. 湖南中学物理·教育前沿, 2009.

[3] Woolfenden S, Sarkozy V, Ridley G. A systematic review of the diagnostic stability of Autism Spectrum Disorder [J]. Research in Autism Spectrum Disorders, 2012 (1)：345-354.

[4] 中国残联康复部：孤独症儿童康复工作现状、问题及对策 [EB/OL].

[5] Teate. 社会工作理论与方法 [M]. 余潇, 译. 上海：华东理工大学出版社, 2013.

[6] 王梅, 李翠. 北京市孤独症儿童早期干预现状调查 [J]. 孤独症康复研究, 2005 (7).

[7] 李晓红，王煜. 家庭文化资本对自闭症儿童康复的影响调查 [J]. 长沙民政职业技术学院学报，2012.

[8] Dennis Saleebey. 优势视角：社会工作实践新模式 [M]. 李亚文，杜立婕，译. 上海：华东理工出版社，2004，6.

[9] 甄岳来. 孤独症儿童社会性教育指南 [M]. 北京：中国妇女出版社.

[10] 温谋富. 自闭症儿童家庭的社会福利需要 [J]. 社会工作，2009（6）.

[11] 黄辛隐，张锐，邢延清. 71例自闭症儿童的家庭需要及发展支持调查 [J]. 中国特殊教育，2009.

[12] 倪赤丹，苏敏. 自闭症儿童家庭支持网的"理想模型"及其构建 [J]. 社会工作.

[13] 高飞，杨静. 自闭症儿童家庭的社会支持现状研究 [J]. 教育导刊：下半月，2008（4）.

[14] 李晓茹，吴国宏，孙时进. 自闭症谱系障碍早期发现的调查研究 [J]. 中国特殊教育，2015（3）.

[15] 杨广学，吕梦. 美国自闭症专业服务机构运作模式考察 [J]. 中国特殊教育，2010（8）.

[16] 王娟. 家长应主动参与自闭症孩子早期康复的全过程 [J]. 现代特殊教育，2011（12）.

[17] 李宗华，徐永霞. 照顾者视野中的自闭症儿童家长的压力因应策略 [J]. 中国校外教育，2009（8）.

[18] 张静霞. 论我国自闭症儿童的康复权益保障 [J]. 学理论，2013.

[19] 邓乾辉. 自闭症儿童教育康复的探析 [J]. 中国校外教育，2008（5）.

[20] 华晓辉，杨广学. 自闭症儿童家长知晓度调查 [J]. 学术探索，2013（5）.

附　录

附录1　访谈提纲

1. 请您简要介绍一下您的基本情况，例如学历、工作等。
2. 您的孩子是在几岁的时候被发现是自闭症的？
3. 在确诊为自闭症的时候，您有什么表现（心理想法、行动）。
4. 和孩子刚查出自闭症时相比，您的心态方面有什么变化吗？

5. 请您介绍一下孩子现在的情况（年龄、接受康复的时间等）。

6. 您孩子的康复效果如何？达到您的预期目标了吗？

7. 您觉得家庭教育康复重要吗？如果和其他康复手段相比呢（例如在机构训练、医疗康复等）？您更重视哪种康复？

8. 在孩子整个康复的过程中，您扮演的是什么样的角色（主导、配合、只是物质上的支持）？

9. 您希望学习一些康复知识，自己对孩子进行康复训练吗？

10. 在家庭康复训练中，您有运用到专业的知识吗？

11. 您在家是如何对孩子进行康复训练的（详细说，做什么训练、做这些训练的目的、是否有固定的时间等）？

12. 在家对孩子进行康复训练中有遇到什么问题吗？

13. 对于家庭教育康复，您有什么需要帮助的吗？

14. 您了解社工吗？希望向社工寻求帮助吗？

15. 作为一位自闭症儿童的家长，您最需要什么帮助？

附录 2　访谈记录

案例一

晨晨是一个五岁的男孩，到康复中心已经有两年了，奶奶说晨晨已经比刚来的时候有了显著提高。晨晨给我的第一印象就是反应很快，可以跟着老师思路走，但只能局限于两三个人的小班，晨晨无法跟上大班的课程。晨晨的家长都很配合老师的工作，按照老师制订的计划在家帮助晨晨进行康复。晨晨的妈妈在晨晨每天下课的时候都会到中心和老师交流情况。在实习的四个月中，我明显感受到了晨晨的进步，在第三个月，晨晨也顺利地升到了中班。

案例二

天天是在我实习的第二个月来的，他已经六岁了，他的妈妈是老师，作为一名老师，妈妈早就发现了他与其他孩子的不同，但她并没有及时带孩子治疗，而是一味地保护，还特意把孩子转到了自己所在的班级，以便更好地保护，直到天天五岁了才开始关注孩子存在的问题。老师告诉我，天天已经是第二次来这个机构接受治疗了，因为着急，天天的妈妈一年内就给他换过三个机构，但天天经过一年的训练并没有什么进步，所以他们又回到了康复中心。从老师那了解到天天妈妈决定再试试通过医疗手段来改善孩子的现状。从和天天妈妈的交流中也能感受到她急躁的心情，她几乎一直无法接受孩子是自闭症的事实。

案例三

小煜是给我留下印象最深的，每天都是爸爸带他来上课，他爸爸的身高和学历都很高，是访谈中唯一的一个博士，对孩子特别有耐心也特别上心，只要中心有讲座无论听过与否，都准时参加。平时还会找一些国外的关于自闭症的书籍来看，还帮助中心的老师翻译过几篇文章。在家也会用科学的方式帮助孩子进行康复，遇到孩子有反常现象，都会用手机记录下来并及时与老师沟通。老师告诉我，小煜刚到中心的时候都不能说话，现在看上去和正常小孩无异。

案例四

浩浩是一个四岁的男孩，我和他上的课不多，但却对他的妈妈留下了深刻的印象。浩浩的妈妈就像是半个老师，只要能有家长参与的内容一定会参与进来，甚至会打断老师，一定要浩浩完成自己认为他可以完成的内容，妈妈的强硬也导致浩浩经常哭。和浩浩妈的交流中，她告诉我她认为浩浩做不到就是态度不认真，和浩浩一起来中心的小朋友都升班了，作为家长特别着急，她也总是要求老师给浩浩升班，老师给她的建议她又不太能接受，我知道的浩浩就去试了两次课，还有一次在浩浩妈的强烈要求下浩浩跟着中班的小朋友上了一下午的课，直到浩浩把课堂弄得一团糟，浩浩妈才勉强同意浩浩上小班的课。就我和他的接触来看，浩浩的进步真的不大，注意力也特别不集中。

案例五

当当也是五岁多的男孩，长得特别可爱，也很聪明。他很不愿意上课，不喜欢人多的地方，我第一次看他上课的时候，他整整对着我哭了一节课，希望我可以带他出去。和老师交流中，老师告诉我他们家主要是姥姥、姥爷管他，两位老人又特别惯着他。和当当姥姥的沟通中也不

点燃智慧之光

难发现,他们总觉得对于孩子得了自闭症他们无能为力,只能尽可能对孩子好,顺着孩子,想要弥补孩子。这样的想法和做法对孩子影响很大。"十一"之前,当当的状态已经好了很多,也愿意和小朋友一起玩了,但假期之后,一切又回到了原点。作为一个五岁的孩子,当当还不认识基本的水果与蔬菜。

农村留守儿童现状调查及对策研究

——对辽宁等七省(自治区、直辖市)农村调查

学　　　生	王玉迪	游　娜	姚红义	陆芋秀	王东莹
	陈竹君	邓梦龄	赵志航	刘雅娜	赵婷等
指导老师	齐　力	张彦敏	李向楠		

摘　要：本调查团队通过对辽宁、广西、湖南、河南、内蒙古、安徽、北京七省（自治区、直辖市）农村600多名留守儿童的调查研究，从多方面了解农村留守儿童的家庭教育情况及心理健康状况，总结了农村留守儿童的特点以及发现的一些问题。从留守儿童个体因素、其监护人因素、其生活和教育环境因素以及政府政策的影响等方面分析了农村留守儿童存在的问题，并提出解决这些问题的建议，希望为有关决策部门提供科学的数据参考。

关键词：农村留守儿童；家庭教育情况；心理健康状况

受我国城乡分割的二元结构体制以及户籍制度的影响，大批进城务工的农民工无法享受同当地人一样的待遇，而且其自身的经济条件也不准许，所以大部分农民工无法让孩子跟自己一同在城市，只能将他们留在农村老家，由亲戚朋友帮忙照看，从而形成了亲子长期处于两地分开的局面。据2013年5月14日，全国妇联发布的报告显示：全国有农村留守儿童6102.55万，占农村儿童37.7%，占全国儿童21.88%。与2005年全国1%抽样调查估算数据相比，五年间全国农村留守儿童增加

约 242 万。对于这部分儿童的监护情况，有调查表明，占总数 46.74% 的孩子父母双方都外出，在这些孩子中，与祖父母一起居住的比例最高，占 32.67%；有 10.7% 的留守儿童与其他人一起居住。在农村留守儿童中，大部分的儿童存在着不少的心理健康问题和坏行为问题，这类儿童一般表现为任性、冷漠、内向和孤独，因为父母不在身边，子女缺乏依靠，有一种不安全感，如果学习成绩不佳，更会产生强烈的反叛心理，很容易走上歧途。

本研究团队分成七个小组，利用暑假时间深入辽宁等七省（自治区、直辖市）农村地区，对当地 600 多名留守儿童进行问卷调查（问卷以 SCL-90 心理量表为主）。通过实地调查，获得宝贵的第一手资料，了解农村留守儿童现状、存在的问题及产生内因。在此基础上，针对性地提出建设性的建议，希望为我国农村留守儿童问题的研究提供一些新的思路，为有关政府部门提供一些决策依据。

一、农村留守儿童现状调查

留守儿童在我国分布很不均衡，主要集中在河南、安徽、广西、湖南等劳务输出大省（自治区）。从人数上看，河南的农村留守儿童规模最大，占全国农村留守儿童比例最高，达到了 73%。安徽、湖南的农村留守儿童规模占全国百分比也很高，分别为 7.26% 和 7.13%。从农村儿童中留守儿童所占比例来看，安徽、江苏、江西和湖南的比例已超过 50%，广西的比例超过 40%。可见，农村留守儿童广泛分布于中西部省份，同时也分布于江苏、广东等东部发达省份。如此庞大的农村留守群体，他们的现状如何？针对这一问题，本研究团队于 2013 年 7 月底至 8 月底分成七个小组，利用暑假时间分别深入辽宁、广西、湖南、河南、内蒙古、安徽、北京七个省（自治区、直辖市）农村地区，对当地留守儿童进行了问卷调查。具体调查地点分别是：辽宁省沈阳市苏家屯区官立堡村、广西壮族自治区百色市田东县义纤镇安东村、湖南省常德市澧县金罗镇界溪河村、河南省洛阳市洛宁县东宋乡方里村、内蒙古通辽市奈曼旗土城子乡、安徽省凤阳县官塘镇光明村、北京市延庆永宁镇东灰岭村、北京市平谷区南独乐河镇峨嵋山村。调查样本 610 人,收回问卷 600 份,有效问卷 547 份。

(一) 基本情况

1. 家庭结构

简单来讲,农村留守儿童可以分为两大类:一是单亲外出务工的农村留守儿童;二是双亲外出务工的农村留守儿童,即父母双方都外出打工。同时,农村留守儿童的监护人是谁也很重要。本研究对调研地区农村留守儿童的家庭结构进行了详细的分类(见表1)。

表1 农村留守儿童的家庭结构类型

家庭结构	与祖父母单独留守	寄养在亲戚朋友或邻居家	与母亲或父亲单独留守	与哥哥姐姐单独留守	与父亲和祖父母一起留守	与母亲和祖父母一起留守	其他	合计
人数(人)	284	44	115	28	16	55	5	547
百分比(%)	51.9	8.0	21.0	5.1	2.9	10.1	0.9	100

调查显示,在全部被调查的农村留守儿童中,单亲外出留守儿童占 34%,而且在单亲外出留守儿童中,父亲外出流动的比例要远远高于母亲外出的比例。单亲外出留守儿童如果和父母单亲及祖父母生活在一起,不但可以有效减轻留守家长照顾家庭的负担,孩子也可以得到更多的照顾和教育。在本调查中,有 13% 的单亲外出留守儿童与留守父(母)及祖父母生活在一起。

儿童在成长环境中,父母二人缺一不可,更何况是两者都缺,在本调查中超过一半的农村留守儿童的父母双方都不在孩子身边,他们只能跟随祖父母或者其他亲戚朋友生活。常此以来,会影响农村留守儿童的身心发展。

2. 接受学校教育情况

我国广大农村地区的教育水平相对于城市而言还较低,笔者对农村留守儿童的教育状况进行了调查(见表2)。

表2　农村留守儿童完成学业情况

学业状况	还在上学	小学毕业	初中毕业	小学辍学	初中辍学	合计
人数（人）	459	56	12	16	4	547
百分比（%）	83.9	10.2	2.2	2.9	0.8	100

调查显示，农村留守儿童在接受教育上，其辍学率远远低于一般农村儿童，我国一般农村儿童辍学率已超过国家控制的3%。分析原因：第一，农村留守儿童的父母外出务工补贴家用，其家庭经济条件要相对于父母留在农村的非留守儿童家庭要好一些，因此，他们有能力供孩子完成义务教育；第二，留守儿童的父母外出务工的同时也在接受城市先进的理念，其固有的思维会有所变化，他们开始愿意在子女的教育上投资。

(二) 家庭情况

1. 家庭教育的缺失

农村留守儿童正处于身心都在成长的阶段，理解能力和社会经验还不成熟，需要思维和心智更加成熟的未成年人给予相应的指导，但父母一方或双方的外出造成了亲子教育的不足；隔代监护对留守儿童大多还仅局限于穿衣吃饭之类的浅层关怀，心理上的疏导几乎为零；亲友或其他监护人更是由于种种原因而使对留守儿童的家庭教育形同虚设。面对生活和学习上的问题束手无策时，他们会向谁求助？（见表3）

表3　农村留守儿童遇到问题时的求助对象和求助方法

求助对象和方法	求助老师	求助同学	求助兼护人或亲戚	自己想办法解决	不去管它听之任之	其他	合计
人数（人）	178	101	87	149	27	5	547
百分比（%）	32.5	18.5	15.9	27.2	4.9	0.9	100

调查显示，大部分的留守儿童在学习上遇到困难会向老师求助，但是却有接近半数的留守儿童在生活中遇到困难时没有选择向老师或亲人求助。青少年的社会经验和判断能力还不强，他们一般不能分辨出别人

给出的建议是好是坏，自己想到的解决途径是对是错也难以把握。

2. 家庭教育缺失导致儿童不良行为

父母外出打工贴补家用，出于对子女的愧疚，总是尽量地满足孩子对物质的要求，这很容易让孩子形成功利主义价值观和拜金主义人生观；加之一些隔代监护人太过溺爱和放纵儿童，很容易让他们形成蛮横无理、自私自利、总是以自我为中心的恶性人格。农村留守儿童正是思想养成的重要阶段，但是亲子关系缺失导致的父母榜样作用的剥夺以及道德行为监控机制的弱化，让一部分留守儿童变得只知索取、不懂感恩，好逸恶劳、冷漠少情，而与这些道德品质相对应的就是青少年的不良行为（见表4）。

表4 农村留守儿童不良行为

不良行为	打架	说谎	偷东西	破坏	伤人	其他	合计
人数（人）	181	253	28	40	15	30	547
百分比（%）	33.1	46.3	5.1	7.3	2.7	5.5	100

（三）心理状况

农村留守儿童正处于心理成长的重要阶段，但是亲子教育的缺失，导致他们会出现一些心理问题，其中性格孤僻、脆弱、渴望亲情是农村留守儿童中出现最多的心理问题。本次调查采用临床症状自评量表 SCL-90 对农村留守儿童进行问卷调查，结果如图1所示。

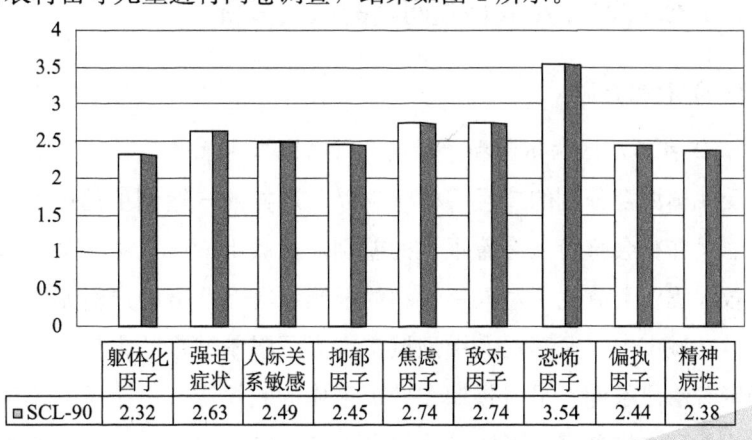

	躯体化因子	强迫症状	人际关系敏感	抑郁因子	焦虑因子	敌对因子	恐怖因子	偏执因子	精神病性
SCL-90	2.32	2.63	2.49	2.45	2.74	2.74	3.54	2.44	2.38

表5 农村留守儿童的心理问题

临床症状自评量表 SCL-90 共有 90 个题目，分为 10 个因子：（1）躯体化；（2）强迫症；（3）人际关系敏感；（4）抑郁；（5）焦虑；（6）敌对；（7）恐怖；（8）偏执；（9）精神病性；（10）附加项目。每项因子实行 1～5 分制，当因子分 t<2 为健康；2≤t<3 为有轻微心理症状；t≥3 为有中度及中度以上心理问题。该量表在目前国内心理健康诊断中被广泛应用，具有较高的信度和效度。统计结果显示：9 个因子中，有 8 个因子属于轻度心理不适，只有恐怖因子大于 3，有中重度心理症状。恐惧的对象包括出门旅行、空旷场地、人群或公共场合及交通工具。此外还有反映社交恐怖的项目。这一因子得分较高可能与父母的长期分离有关，分离焦虑时间较长会转化为恐怖，这与在日常生活中遇到问题得不到来自父母给予的精神力量有关。个人内心的不安全感、父母支持作用的缺失及家庭团体凝聚力不足，都会导致留守儿童缺少内心力量而产生某些心理恐怖。以上统计为整体人群的平均值，但 9 个因子中有 8 个因子都出现轻微心理症状，是值得人们关注的，农村留守儿童会有心理问题，究其原因，家庭因素的影响是不容忽视的：

（1）子女与父母分别的时间长，儿童的心理健康水平低；

（2）亲子教育的缺失影响家庭的亲密度、娱乐性和情感表达；

（3）监护人的文化程度和教育方式对留守儿童的影响是至关重要的；

（4）留守儿童的家庭结构对其心理健康状况也有很大的影响。

二、农村留守儿童存在问题的原因分析

（一）社会方面

1. 城乡二元结构体制和户籍制度对农民工的束缚

受我国城乡分割的二元结构体制以及严格的户籍制度的影响，城乡两地居民在社会身份上有着很大的差别。虽然十一届三中全会以来，我国在很大程度上放宽了对人口流动的限制，但是严格的户籍制度仍然存在着。在城市中，尤其是大中型城市，为了限制城市的人口规模，严格地规定着落户条件，很多长期在城市工作的农民工，由于条件不够，其户口仍然在农村老家，当然，他们也不能享受到同城里人一样的生活福

利待遇。与此相对应，我国的义务教育也存在着严重的城乡差别，进城务工的农民工要想让子女跟着自己在城市，并接受城市良好的教育，不但要支付各种各样的书本费、学杂费，还要缴纳高昂的借读费、赞助费等其他费用，这对收入本来就不高的农民工家庭而言，是一笔相当大的教育开支，大部分农民工家庭根本无法承担这样的经济负担，所以只能把孩子留在农村老家。虽然大部分城市中都设有农民工子弟学校，但是由于各地教材以及教育模式的不同，且中高考制度上的限制，农民工子弟很难在城市的教育中步入正轨。除此之外，由于风俗、口音等因素，父母也担心孩子在城市中的生活受到歧视，这对孩子的成长会造成不良的影响。所以他们只能将孩子留在农村老家，这是他们必须要面对的无奈。

2. 各地基层政府对留守儿童的重视不够

农民工外出务工经商，既可以增加本地农民家庭的收入，又可以减轻本地剩余劳动力严峻的就业压力，是各地方基层政府大力支持的。但是，与此同时产生出来的农村留守儿童各类问题却没有得到基层政府足够的重视。在调查中发现，地方基层政府没有设立农村留守儿童的专款基金，也很少出台专门用于保护农村留守儿童各项权益的法规、政策。农村留守儿童的权益时常遭到侵害，物质生活条件有待改善。在采访时，村支书王先生表示："上级下拨的资金要求专款专用，这些资金主要用于农村的基础设施建设和发展本地特色经济上，几乎没有空余的资金，只有逢年过节的时候我们才会向村里的留守儿童发放一些补贴。"

除此之外，农村基层政府在社会治安环境管理方面也没有做到位。由于资金的紧张，农村地区很少有儿童专门的活动场所；倒是一些如台球厅、网吧等不适合未成年人的娱乐场所处处可见。由于监管不力，加上黑心老板的贪婪本性，很多未成年人都可以随意进出这些娱乐场所，尤其是临时监护人监管不力、家庭教育缺失的孩子，更是沉迷于网络虚拟世界，这样不但影响了学习，还对心理健康造成了不小的影响。很多孩子还为此时常旷课、打架，更有甚者为了上网竟然走上了犯罪的道路。可见，农村基层政府加强对当地社会环境的监督力度是保障农村留守儿童身心健康成长的重要举措。

（二）家庭方面

1. 农村留守儿童监护人的家庭教育意识薄弱

家庭教育是终身教育，是学校教育的基础，在人的一生中起着重要的作用。但是由于各种原因，我国大部分农民家长文化素质不高，教育意识薄弱，重养轻教，对教育的重要性认识不足。在调查中我们了解到，受自身素质不高以及思想观念的陈旧的影响，很多家长只是关心孩子吃的好不好、穿的暖不暖，而教育则全交给了学校，对孩子的困惑、需求、交往、兴趣的关注就更少了；正处于身心正在迅速发展的时期的中小学生，对学习和生活，尤其是生理和心理上有太多的问题困扰着他们，这些问题不便于向老师求助，但是家长也没有给出解答，所以只能盲目地选择，对与错、好与坏他们不知道，而家长也是不管不问，家庭监督形同虚设。家庭教育的缺失使得他们接受随机教育的机会减少，无所适从会使他们更容易走入歧途。

2. 大部分农村家庭规模较大，经济负担重

虽然我国现在实行着计划生育政策，但是在广大农村地区，人们依旧秉承着多子多福的观念，超生、偷生现象屡见不鲜。但是人多，花销也会多，单单靠土地是养不活全家这么多人的，所以，贫困的农民只能外出打工来养家糊口，由于种种原因其子女不能跟随父母带到城市求学，只能留在农村老家由亲戚照顾，而土地则由亲戚带种，这就同时加重了临时监护人生活和工作上的压力。需要抚养的孩子多了，需要劳动的土地也多了，同样也是为了养家糊口，他们几乎没有多余的时间来管理孩子，让孩子自我管理。这样做虽然对贫困的农村家庭在经济收入上有所改善，而且还可以增强孩子的独立性；但是过早的独立会让孩子认为人生来就是受罪的，而家庭教育的缺失则容易引起孩子心理的失衡，对他们今后人格以及智力的发展是一种影响。

3. 农村留守儿童监护人教育方式不当，监管不力

农村留守儿童的监护类型主要有单亲监护、上代监护、隔代监护和自我管理四种类型，其中在本研究主要涉及的三种监护类型中以隔代监

护的家庭教育缺失最为严重。农村留守儿童虽然有监护人代管，但临时监护人由于受年龄、文化、身体和精力等因素的制约，对孩子的帮助仅仅限于对孩子物质要求的满足，或者只是督促孩子完成老师布置的作业，家庭教育几乎没有，教育职责完全转移。而在隔代监护中，很多祖辈年事已高，有的家庭甚至是由留守儿童照顾监护人，在这样的家庭中，家长监护可以说是空白的，老人几乎没有能力对留守儿童进行监管，只能靠留守儿童的自觉、自律来控制自己；况且现在我国农村人口老龄化不断加剧，隔代监护在今后农村留守儿童监护类型中所占的比例会越来越大。在本研究中，由于几乎没有监护人的督促、制约，加之留守儿童的自我控制能力不强，隔代监护家庭的问题儿童较多。

（三）农村留守儿童自身因素

儿童期是人类成长的重要阶段。在这一阶段中，人的生理和心理都在飞速地发展。农村留守儿童正是处于这以关键时期，他们开始大量地接收各方面的知识、经验。但是，由于思想的不成熟以及社会经验的不足，他们对新事物的好坏也不容易分辨，缺乏自我保护意识和自我防备的能力。在调查中我们可以看出有相当一部分的农村留守儿童在遇到问题时没有向监护人或老师求助，而是把自己的需求转移到同伴、朋友身上，但是由于他们自身经验不足，很容易交友不慎，被坏人引入歧途；加之青少年自身有很强的好奇心和模仿性，造成在学校拉帮结伙，形成不良群体，这既不利于农村留守儿童的健康成长，又严重危害了社会治安。

孩子和父母在一起生活是很平常的事情，但是对于农村留守儿童来说，那根本就是不可能的。父母外出打工，临时监护人对自己也很好，但那始终不是自己的家，那种寄人篱下的感觉怎么会没有呢？在别人家团聚的时候，自己却只能和父母"天涯共此时"通过电话相互问候，强烈的家庭归属感不能实现，这使他们的行为更容易"出轨"，对监护人的抵触情绪也会越来越大，这直接关系到农村留守儿童的家庭教育能否顺利地进行。可见，农村留守儿童自身的特点也是引起其家庭教育问题的重要因素。

三、解决农村留守儿童问题的对策

（一）政府是解决农村留守儿童问题的根本

加快农村城市化建设，统筹城乡经济的发展。由于各种原因，我国广大农村地区的经济发展水平远远比不上城市，农民的收入和城市居民相比也是天壤之别，光靠土地是养不活一家人的。所以，农民兄弟只能背井离乡，外出打工，而上边的老人和下边的小孩则留在农村，成为留守群体。笔者认为，要想从根本上解决这一社会问题，关键在于农村地区的经济建设上，加快建设社会主义新农村，统筹城乡发展，缩小城乡差距，让农民兄弟在"家门口"就能挣到钱，那谁还会舍近求远外出打工呢？而同时农村留守群体问题也就解决了。

逐步废除城乡户籍二元制度。由于过大的城乡户籍差别，使得农民工很难将子女带到城市中跟随自己生活，只能将他们留在农村老家，成为农村留守儿童，长期处于亲子分离状态，导致家庭教育的缺失，容易导致情感单一、思想偏激等不良后果。应以户籍制度为中心，逐步消除如：医疗、卫生、教育等差别对待城乡居民的制度。同等对待城乡居民，让在城市务工的农民也能享受到同城里人一样的各种福利、待遇。这样，他们的子女更容易地跟随他们生活在城市，接受城市的教育，同时，家庭教育也能有所保证。建立健全相关的法律法规。尽管我国在先前出台过如：《中华人民共和国未成年人保护法》《中华人民共和国义务教育法》以及《中国儿童发展纲要》等用于保护留守儿童权益的法律法规。但是，随着时代的发展，在农村留守儿童中不断出现新的问题，而以上这些法律法规又有一定的时代局限性，很难完全保证农村留守儿童的各项权利不受侵害。所以政府在制定相关的法律法规时要跟得上时代的脚步，根据留守儿童呈现出来的新问题，找出原因，完善相关的法律法规，让农村留守儿童在保护自己的权益不受侵害时有法可依。

加大对农村留守儿童的帮扶，改善其生活环境。虽然我国对义务教育阶段的学生免除了学杂费等费用，在一定程度上缓解了农村留守儿童家庭的经济负担。可是，仍有许多农村留守儿童的家庭生活贫困，艰难度日，但是政府用于扶助农村留守儿童的专款却很少，有时候还被挪为他用，农村留守儿童实际上得到的援助并不多。应在政府中设立专门用于帮扶农村留守儿童的基金，一般情况下不可挪用，派专人对农村留守儿童的家庭进行访问，了解留守儿童各方面的需求，并向上级部门反映；逢年过节，免费组织留守儿童跟远在千里之外的父母视频聊天，缓解他们对父母的思念之情；加大对本地区各类娱乐场所的监管，明令禁止未成年人进入网吧等娱乐场所，打击黑网吧，如若发现一起则严惩一起，为农村留守儿童创造健康的社会环境。

（二）学校是解决农村留守儿童问题的主体

自开课程，注重孩子的素质教育。我国基础教育改革赋予了地方和学校一定的课程决策自主权。针对农村留守儿童家庭教育上存在的问题，农村中承担基础教育的学校应有针对性地设置特色教育，弥补家庭教育的不足。如：开设心理课程加强留守儿童的素质教育，强化留守儿童的安全意识，培养良好的个人行为、品德等。这样既让农村留守儿童提高了辨别是非的能力，又能加强农村留守儿童自理自立能力；让外出务工的农村家长对孩子的生活和教育更加的放心，而农村留守儿童也能与其他孩子共同快乐健康的成长。

加强与监护人之间的联系，建立学生档案管理制度。在我国农村中，家长普遍认为孩子的教育完全是学校的责任，而自己则"一身轻松"，根本不与学校交流孩子的问题，这就给了一些问题儿童可钻的空子，尤其是农村留守儿童，他们的家庭监管相对不严，很容易两头欺骗。针对这一问题，学校应加强与农村留守儿童监护人或父母的联系，为在校的留守儿童做一份其家庭、性格等多方面情况的特殊档案，让学校和老师以及家长都能够掌握这些情况，有针对性地开展教育活动，给予他们足够多的关系和爱护，当留守儿童在某方面出现了问题，学校和老师能及时地与留守儿童的监护人或父母取得联系，进行沟通，共同解决留守儿童的问题，保证其健康的成长。

实施学校寄宿制度。现在我国寄宿制度的学校大多是从初中开始，小学阶段的寄宿学校少之又少，而农村留守儿童大多是处于小学阶段的学生，其生活和学习大多不能自理。如若在农村基础教育中实行寄宿制度，也许可以在一定程度上弥补农村留守儿童家庭教育的缺失。同龄人在一起生活、学习可以使农村留守儿童在"小家"中失去的家庭温暖在这个"大家"中得到一些补偿；同时，农村留守儿童寄宿在学校中，老师还可以监督他们的学习，照顾他们的生活，保障他们的安全，让农村留守儿童在享受到家庭幸福的同时健康快乐的成长。

加强对教师队伍以及农村留守儿童临时监护人的培训。通过对教师队伍的培训，让他们树立以学生为本的教育观念，给予农村留守儿童更多了解和关爱，帮助他们克服困难，顺利完成学业。而同时对农村留守儿童临时监护人的培训可使他们以科学教育的观念和方法抚养留守儿童，尽量对农村留守儿童进行有效的家庭教育，塑造农村留守儿童优良的道德品质。

（三）家长是解决农村留守儿童问题的关键

从长远目标考虑，农村家庭应遵守计划生育政策，少生优生，这样既可以缓解农村的人口压力，又能减轻家庭的经济负担，而农村家长也可以把大部分的心思放在照顾农村儿童的生活和教育上。如若迫于生计，非要进城务工的话，农村家长应尽量带着孩子，让成长阶段的孩子更多地接受父母的随机教育，同时也能较充分地注意到孩子在成长过程中身心发展的变化，对孩子身上出现的一些不良问题，可以进行及时有效的纠正。如果外出务工的农村家长实在是没有能力把孩子带到自己身边照顾，应尽可能地留下一方在农村老家照顾孩子，或者是尽可能地留出充足的时间关注农村留守儿童的生活、教育等状况；与他们保持紧密的联系，多和他们进行心理上的沟通和交流；同时，外出务工的农村家长也要加强与孩子临时监护人和学校老师的联系，及时了解留守儿童的生活、学习情况，适当地放权给这些教育者，让他们能更有效地对孩子进行监督和管理。

父母双方都处于进城务工的状态，而孩子又不能跟随在自己身旁，那他们应在外出打工前积极地为留守儿童找到合适的监护人，慎重地考虑被委托人的监护能力、家庭责任感等各方面的因素，确定最为合适的监护人，细致地落实留守儿童的抚养问题，而不能随便找一个亲戚、朋友来承担留守儿童的临时监护重任。这些监护人必须具备强烈的家庭责任感，勇于承担其对留守儿童的家庭教育任务，对待孩子要有耐心，一视同仁，不偏心己出，经常关心留守儿童的生活、学习，及时关注他们的心理和情感上的变化，满足他们的情感需求，积极地与其进行心理沟通，给予留守儿童父母的关爱，让留守儿童感受到浓郁的家庭氛围，不会因为父母不在身边而感到孤独、寂寞。无微不至的呵护加上严厉认真的管教，农村留守儿童会像其他孩子一样健康快乐的成长。

（四）社会工作的介入

社会工作作为一项实物性极强的职业化活动，其深厚的价值基础主要包含两个方面：一是关于人的价值，认为人的生存权、发展权和人的尊严及人人平等是人类社会的基本准则；二是关于社会的价值，认为社会应该是一个和谐的整体，社会工作者应对社会中各种缺陷和不平等加以干预。本研究从社会工作两大价值基础出发，从两方面对农村留守儿童的家庭教育问题提出建议。

建立社会支持网络。由于我国农村地区还处于欠发达地区，且农村留守儿童大部分处于青少年阶段，限于种种原因，他们所能得到的社会支持的资源少之又少；而且援助各方联系较少，使得资源不能被有效的利用。所以应为农村留守儿童建立一套完整的社工支持网络，通过社会工作者对留守儿童社会网络的干预来改变其在个人生活中的作用；通过社会工作者的协调、联系，帮助他们扩大社会网络资源，提高其利用社会网络的能力。让农村留守儿童得到社会各界更多、更有效的帮助，同时也让农村留守儿童能够更容易地享受到这些援助。

个案方法介入。通过在研究地区发放调查问卷，找出其中比较有代表性的个案并对这些留守儿童进行个案访谈，针对这些较特殊的农村留守儿童开展专业治疗。在专业治疗过程中，社会工作者应以平和的姿态与他们交流，多涉及一些让他们开心、自豪的话题，这会让他们感到平等和被人接纳，同时社会工作者应以"优势视角"对待农村留守儿童，充分发掘他们的潜能，赋权于他们，让他们感受到自己的价值，充满自信，即使父母不在身边，他们也可以好好的学习、生活；"授之以渔"才能让他们更好地成长，在面对生活和学习上的困难时，自己努力地去解决，而不是自暴自弃、放任自流。

四、结束语

农村留守儿童的大量存在是我国经济快速发展、城乡差距不断扩大的必然产物。我国正处于社会转型时期，农村留守儿童的问题是客观存在的，其涉及家庭多、范围广、影响深远等已引起了社会各界的广泛关注和思考，解决这一问题不但关系到每个农村家庭，还关系到我国社会主义新农村的建设，以及整个社会的和谐与稳定。但是解决这一问题又不是一朝一夕的事，这是一个长期、复杂的过程，需要社会各界齐心协力、坚持不懈的努力才能解决。

参考文献

[1] 马润生. 论社会工作对农村留守儿童问题的介入——契合性、困境与途径探索[J]. 黑河学刊，2008（6）：130-131.

[2] 宗苏秋. 浅析社会工作介入农村留守儿童问题的困境[J]. 山西高等学校社会科学学报，2011（4）：31-32.

[3] 宗苏秋. 试论社会工作对农村留守儿童问题的介入[J]. 科学之友，2010（3）：120-121.

[4] 王章华. 农村留守儿童教育问题与社会工作介入[J]. 教育纵论，2009（8）：26-27.

[5] 吴霓. 农村留守儿童问题调研报告[J]. 教育研究，2004（10）：15-16.

[6] 吕绍清. 孩子在老家——农村留守儿童：生活与心理的双重冲突[J]. 中国发展观察，2005（9）：7-8.

[7] 姚桂雪. 留守儿童心理健康教育的研究综述[J]. 学术空间，2011（7）：7-8.

附 录
农村留守儿童基本情况调查问卷

亲爱的同学：

你们好，首先非常感谢你们能利用宝贵的课余时间来配合我的工作，完成这份调查问卷。这份问卷中的问题都是关于你们的生活和学习等方面的事情，请根据自己的实际情况认真填写。

注：本问卷选择题除有特别标注外其余均为单选，请同学们看清题目，认真作答，且你们的回答没有对与错之分，结果只用于本研究的参考，并向各位同学保证你们的信息绝不会外泄。如同学们对哪项问题不明白可以问调查员。

1. 儿童性别（1男，2女）

2. 你的年龄_____岁

3. 家庭人口_____人

4. 目前是否上学（1是，2否）

5. 所在年级_____年级

6. 居住地（1北京，2辽宁，3广西，4湖南，5，内蒙，6河南，7安徽）

7. 你的父母中谁在外边打工（1父亲，2母亲3，父母都在外打工）

8. 你父母（或父母一方）在外打工多长时间了（1半年到一年，2一年到两年，3两年以上）

9. 知道父母（或父母一方）在外是做什么工作的吗（1知道，2不知道）

10. 你现在跟谁住在一起（1祖父母，2亲戚朋友-或邻居，3父亲-或母亲一人，4哥哥-姐姐，5父亲和祖父母，6母亲和祖父母）

11. 家里有几个兄弟姐妹（1一个，2两个或三个，3更多，4没有）

12. 与在外打工的父母联系的机会多吗（1经常，2偶尔，3几乎不联系）

13. 家里人每天给你多少零花钱（①0.5元～1元，②1元～2元，③2元～5元，④5元以上）

14. 大人给的零花钱一般用于干什么（1买学习用品，2买吃喝，3玩耍，4其他）

15. 父母不在身边，你会感觉到孤独（或痛苦）吗？（1经常，2偶尔，3从不）

16. 对父母在外打工是一种什么样的态度（1希望父母在自己身边，2理解支持父母外出打工，3无所谓）

17. 愿意到他们所在的城市上学吗（1愿意，2不愿意，3无所谓）

18. 对自己在学校的表现满意吗（1满意，2不满意）

19. 喜欢学习吗（1喜欢，2不喜欢）

20. 家长对你上学的态度如何？（1希望自己上学，2不希望自己上学，3尊重学生自己的选择，4无所谓）

21. 对班主任老师的态度如何（1喜欢，2不喜欢。3无所谓）

22. 完成学业状况（1还在上学，2小学毕业，3初中毕业，4小学缀学，4初中缀学）

23. 在家有人辅导你的功课吗（1有，2没有）

24. 课余时间做什么事情（1学习，2玩耍，3帮家人干活，4其他）

25. 照顾你的人（例如爷爷奶奶）跟你的关系怎么样（1很好，2一般，3不怎么样）

26. 与照顾你的人之间你们聊天吗（1经常，2偶尔，3从不）

27. 照顾你的人对你的管教严格吗（1严格。2偶尔严格，3几乎不管）

28. 照顾你的人给你零花钱吗（1经常给，2偶尔给，3几乎不给）

29. 羡慕父母都在身边的孩子吗（1羡慕，2不羡慕）

30. 犯过下列哪种过错（不定项选择）（1打架，2说谎，3偷东西，4破坏，5伤人）

31. 当你在学习和生活上遇到困难时你会怎么办（1求助老师，2求助同学，3求助兼护人或亲戚4自己想办法解决，5不去管它听之任之）

33. 希望你在外打工的父母做什么？（或你想对他们说什么？）

以上1~33题调查问卷由调查员询问并填写

以下34~123题调查问卷，如果被调查学生有识字阅读和理解能力，请本人亲自填写，如果没能力，由调查员填写。

下面有90条测验项目，列出了有些人可能会有的问题，请仔细地阅读每一条，

然后根据最近一星期以内，您的实际感觉，选择适合的答案画√，

请注意不要漏题。

34. 头痛 …………… （1 没有　2 很轻　3 中等　4 偏重　5 严重）
35. 神经过敏，心中不踏实
　　　…………… （1 没有　2 很轻　3 中等　4 偏重　5 严重）
36. 头脑中有不必要的想法或字句盘旋
　　　…………… （1 没有　2 很轻　3 中等　4 偏重　5 严重）
37. 头昏或昏倒 ……… （1 没有　2 很轻　3 中等　4 偏重　5 严重）
38. 对异性的兴趣减退
　　　…………… （1 没有　2 很轻　3 中等　4 偏重　5 严重）
39. 对旁人责备求全 … （1 没有　2 很轻　3 中等　4 偏重　5 严重）
40. 感到别人能控制你的思想
　　　…………… （1 没有　2 很轻　3 中等　4 偏重　5 严重）
41. 责怪别人制造麻烦
　　　…………… （1 没有　2 很轻　3 中等　4 偏重　5 严重）
42. 忘记性大 ………… （1 没有　2 很轻　3 中等　4 偏重　5 严重）
43. 担心自己的衣饰整齐及仪态的端
　　　…………… （1 没有　2 很轻　3 中等　4 偏重　5 严重）
44. 容易烦恼和激动 … （1 没有　2 很轻　3 中等　4 偏重　5 严重）
45. 胸痛 ……………… （1 没有　2 很轻　3 中等　4 偏重　5 严重）
46. 害怕空旷的场所或街道
　　　…………… （1 没有　2 很轻　3 中等　4 偏重　5 严重）
47. 感到自己的精力下降，活动减慢
　　　…………… （1 没有　2 很轻　3 中等　4 偏重　5 严重）
48. 想结束自己的生命
　　　…………… （1 没有　2 很轻　3 中等　4 偏重　5 严重）
49. 听到旁人听不到的声音
　　　…………… （1 没有　2 很轻　3 中等　4 偏重　5 严重）
50. 发抖 ……………… （1 没有　2 很轻　3 中等　4 偏重　5 严重）
51. 感到大多数人都不可信任

……………………（1 没有　2 很轻　3 中等　4 偏重　5 严重）

52. 胃口不好 …………（1 没有　2 很轻　3 中等　4 偏重　5 严重）

53. 容易哭泣 …………（1 没有　2 很轻　3 中等　4 偏重　5 严重）

54. 同异性相处时感到害羞不自在

……………………（1 没有　2 很轻　3 中等　4 偏重　5 严重）

55. 感到受骗，中了圈套或有人想抓您

……………………（1 没有　2 很轻　3 中等　4 偏重　5 严重）

56. 无缘无故地突然感到害怕

……………………（1 没有　2 很轻　3 中等　4 偏重　5 严重）

57. 自己不能控制地大发脾气

……………………（1 没有　2 很轻　3 中等　4 偏重　5 严重）

58. 怕单独出门 ………（1 没有　2 很轻　3 中等　4 偏重　5 严重）

59. 经常责怪自己 ……（1 没有　2 很轻　3 中等　4 偏重　5 严重）

60. 腰痛 ………………（1 没有　2 很轻　3 中等　4 偏重　5 严重）

61. 感到难以完成任务

……………………（1 没有　2 很轻　3 中等　4 偏重　5 严重）

62. 感到孤独 …………（1 没有　2 很轻　3 中等　4 偏重　5 严重）

63. 感到苦闷 …………（1 没有　2 很轻　3 中等　4 偏重　5 严重）

64. 过分担忧 …………（1 没有　2 很轻　3 中等　4 偏重　5 严重）

65. 对事物不感兴趣 …（1 没有　2 很轻　3 中等　4 偏重　5 严重）

66. 感到害怕 …………（1 没有　2 很轻　3 中等　4 偏重　5 严重）

67. 我的感情容易受到伤害

……………………（1 没有　2 很轻　3 中等　4 偏重　5 严重）

68. 旁人能知道您的私下想法

……………………（1 没有　2 很轻　3 中等　4 偏重　5 严重）

69. 感到别人不理解您不同情你

……………………（1 没有　2 很轻　3 中等　4 偏重　5 严重）

70. 感到人们对你不友好，不喜欢您

……………………（1 没有　2 很轻　3 中等　4 偏重　5 严重）

71. 做事必须做得很慢以保证做得正确

　　……………………（1 没有　2 很轻　3 中等　4 偏重　5 严重）

72. 心跳得很厉害 ……（1 没有　2 很轻　3 中等　4 偏重　5 严重）

73. 恶心或胃部不舒服…（1 没有　2 很轻　3 中等　4 偏重　5 严重）

74. 感到比不上他人 …（1 没有　2 很轻　3 中等　4 偏重　5 严重）

75. 肌肉酸痛 …………（1 没有　2 很轻　3 中等　4 偏重　5 严重）

76. 感到有人在监视您谈论您

　　……………………（1 没有　2 很轻　3 中等　4 偏重　5 严重）

77. 难以入睡 …………（1 没有　2 很轻　3 中等　4 偏重　5 严重）

78. 做事必须反复检查

　　……………………（1 没有　2 很轻　3 中等　4 偏重　5 严重）

79. 难以作出决定 ……（1 没有　2 很轻　3 中等　4 偏重　5 严重）

80. 怕乘电车、公共汽车、地铁或火车

　　……………………（1 没有　2 很轻　3 中等　4 偏重　5 严重）

81. 呼吸有困难 ………（1 没有　2 很轻　3 中等　4 偏重　5 严重）

82. 一阵阵发冷或发热

　　……………………（1 没有　2 很轻　3 中等　4 偏重　5 严重）

83. 因为感到害怕而避开某些东西，场合或活动

　　……………………（1 没有　2 很轻　3 中等　4 偏重　5 严重）

84. 脑子变空了 ………（1 没有　2 很轻　3 中等　4 偏重　5 严重）

85. 身体发麻或刺痛 …（1 没有　2 很轻　3 中等　4 偏重　5 严重）

86. 喉咙有梗塞感 ……（1 没有　2 很轻　3 中等　4 偏重　5 严重）

87. 感到对前途没有希望

　　……………………（1 没有　2 很轻　3 中等　4 偏重　5 严重）

88. 不能集中注意力 …（1 没有　2 很轻　3 中等　4 偏重　5 严重）

89. 感到身体的某一部分较弱无力

　　……………………（1 没有　2 很轻　3 中等　4 偏重　5 严重）

90. 感到紧张或容易紧张

　　……………………（1 没有　2 很轻　3 中等　4 偏重　5 严重）

91. 感到手或脚发沉 …（1 没有　2 很轻　3 中等　4 偏重　5 严重）
92. 想到有关死亡的事…（1 没有　2 很轻　3 中等　4 偏重　5 严重）
93. 吃得太多 …………（1 没有　2 很轻　3 中等　4 偏重　5 严重）
94. 当别人看着您或谈论您时感到不自在
　　…………………（1 没有　2 很轻　3 中等　4 偏重　5 严重）
95. 有一些不属于您自己的想法
　　…………………（1 没有　2 很轻　3 中等　4 偏重　5 严重）
96. 有想打人或伤害他人的冲动
　　…………………（1 没有　2 很轻　3 中等　4 偏重　5 严重）
97. 醒得太早 …………（1 没有　2 很轻　3 中等　4 偏重　5 严重）
98. 必须反复洗手、点数目或触摸某些东西
　　…………………（1 没有　2 很轻　3 中等　4 偏重　5 严重）
99. 睡得不稳不深 ……（1 没有　2 很轻　3 中等　4 偏重　5 严重）
100. 有想摔坏或破坏东西的冲动
　　…………………（1 没有　2 很轻　3 中等　4 偏重　5 严重）
101. 有一些别人没有的想法或念头
　　…………………（1 没有　2 很轻　3 中等　4 偏重　5 严重）
102. 感到对别人神经过敏
　　…………………（1 没有　2 很轻　3 中等　4 偏重　5 严重）
103. 在商店或电影院等人多的地方感到不自在
　　…………………（1 没有　2 很轻　3 中等　4 偏重　5 严重）
104. 感到任何事情都很难做
　　…………………（1 没有　2 很轻　3 中等　4 偏重　5 严重）
105. 一阵阵恐惧或惊恐
　　…………………（1 没有　2 很轻　3 中等　4 偏重　5 严重）
106. 感到在公共场合吃东西很不舒服
　　…………………（1 没有　2 很轻　3 中等　4 偏重　5 严重）
107. 经常与人争论……（1 没有　2 很轻　3 中等　4 偏重　5 严重）
108. 单独一人时神经很紧张

……………………（1 没有　2 很轻　3 中等　4 偏重　5 严重）

109. 别人对您的成绩没有作出恰当的评价
……………………（1 没有　2 很轻　3 中等　4 偏重　5 严重）

110. 即使和别人在一起也感到孤单
……………………（1 没有　2 很轻　3 中等　4 偏重　5 严重）

111. 感到坐立不安心神不宁
……………………（1 没有　2 很轻　3 中等　4 偏重　5 严重）

112. 感到自己没有什么价值
……………………（1 没有　2 很轻　3 中等　4 偏重　5 严重）

113. 感到熟悉的东西变成陌生或不象是真的
……………………（1 没有　2 很轻　3 中等　4 偏重　5 严重）

114. 大叫或摔东西……（1 没有　2 很轻　3 中等　4 偏重　5 严重）

115. 害怕会在公共场合昏倒
……………………（1 没有　2 很轻　3 中等　4 偏重　5 严重）

116. 感到别人想占您的便宜
……………………（1 没有　2 很轻　3 中等　4 偏重　5 严重）

117. 为一些有关"性"的想法而很苦恼
……………………（1 没有　2 很轻　3 中等　4 偏重　5 严重）

118. 认为应该因为自己的过错而受到惩罚
……………………（1 没有　2 很轻　3 中等　4 偏重　5 严重）

119. 感到要赶快把事情做完
……………………（1 没有　2 很轻　3 中等　4 偏重　5 严重）

120. 感到自己的身体有严重问题
……………………（1 没有　2 很轻　3 中等　4 偏重　5 严重）

121. 从未感到和其他人很亲近
……………………（1 没有　2 很轻　3 中等　4 偏重　5 严重）

122. 感到自己有罪……（1 没有　2 很轻　3 中等　4 偏重　5 严重）

123. 感到自己的脑子有毛病
……………………（1 没有　2 很轻　3 中等　4 偏重　5 严重）

成年心智障碍者社区化服务困境研究

学　　　生　陈竹君
指导教师　李　敏

　　摘　要：伴随着去机构化和正常化思想的深入人心，传统的封闭式、隔离式、集中式服务模式的弊端日渐暴露，维护心智障碍者合法权益的呼声越来越高。成年心智障碍者作为社会成员，有权力获得平等的尊重和权益。社区化服务应运而生，但作为一个刚刚兴起的模式，一切都在探索之中，会遇到伦理冲突、专业化程度低、社区居民不认同、服务流于形式、政府准入门槛高等诸多困境。笔者深入相关机构进行实地调查，通过访谈等方式切实了解当下社区化服务所面临的困境。

　　关键词：社区化服务　心智障碍　回归社会

前　言

　　心智障碍者受到自身和外界很多因素的制约，一直处于社会的弱势群体之中，由于他们无法准确地表达自己的需求，因此在弱势群体中他们需要得到更多的关注。随着去机构化潮流的发展，成年心智障碍者作为社会人，有权利获得有尊严的生活，传统的服务模式已不足以适应当前成年心智障碍者的需求，为了让他们可以更好地融入社区，被周围人所接受，社区化服务应运而生。2007年世界夏季特殊奥林匹克运动会在上海举行，上海市政府开始推广社区化服务智障人士的"阳光之家"，引起全国的关注，之后2009年中国残疾人联合会推广"阳光工程"，为智障人士社区服务。社区化服务逐渐走到幕前，受到各界人士的广泛关注。

　　北京作为首都也逐渐将社区化服务运用到实践之中，社区残疾人组织依托社区居委会在各方倡导下应运而生，社区残疾人协会并不是一个单纯的由特定人群构成的协会，它作为联系残疾人同社区居委会以及政府的纽带，发挥着桥梁的作用。作为弱势群体，残疾人一方面需要有人能够代表他们的利益，及时、准确反映他们的愿望和需求，一方面需要依托社区资源，获得支持和帮助。

社区化服务顾名思义是将成年心智障碍者安置在社区中，进行常态化训练，充分利用社区资源，提高成年心智障碍者社区生活的能力。在进行社区化服务的过程中，不仅需要社区方面的帮助，同时还需要成年心智障碍者个人和家庭做出努力和配合，也需要社会各界人士的援手。

社区化服务受到专家学者的广泛关注，由于我国和西方国情不同，所以在运用的过程中所遇到的困境也就有所不同。笔者深入 L 机构进行为期 4 个月的实地观察，充分掌握了关于成年心智障碍者社区化服务困境的第一手资料。L 机构始终以社区化服务为主要工作模式，发展较早，具有较高的研究价值。本研究将以 L 机构为例，分析成年心智障碍者社区化服务所面临的困境，尝试提出建议，补充现有文献成稿。

一、相关概念界定及文献综述

（一）基本概念界定

1. 社区化服务

推行服务（包括日常的训练和活动）时，应尽量在自然环境中进行，加强服务对象对真实生活环境的了解和体验；再者，应尽量利用社区本身具有的资源，包括：社区设施、人力资源（社区志愿者）和其他有关部门及单位，希望通过社区本身的资源和力量，能使服务达到理想的效果。❶

2. 心智障碍

心智障碍又称为智力障碍，智力障碍在早期称为"智力落后"，较早

---

❶ 张丽宏. 中国大陆成年智障人士社区化服务的探索与反思——以慧灵12年的实践为视点 [D]. 西安：西北大学硕士学位论文，2012.

的智力落后的定义可追溯到百年前，1908年Tredgrod将智力落后定义为：智力落后是一种由于大脑不完全发育而在个体自出生或幼年时期产生的智力缺陷状况，致使其无法履行作为社会成员所应尽的各种职责。❶

学界近年来广为引用的智力障碍的定义是美国智力障碍协会（AAIDD）的定义。2002年AAIDD在对其智力落后的定义进行修订时，开始采用中性的"智力障碍"取代之前的"智力落后"的称法，并提出了关于智力障碍的第10版定义，即"智力障碍指的是在智力功能和适应行为上存在显著限制而表现出的一种障碍，所谓适应行为指的是概念、社会和应用三方面的技能，智力障碍发生于18岁之前"。❷

我国2006年第二次全国残疾人抽样调查所使用的定义是：智力残疾（智力障碍）是指智力显著低于一般人水平，并伴有适应行为的障碍。❸智力残疾包括在智力发育期间（18岁之前），由于各种有害因素导致的精神发育不全或智力迟滞；或者智力发育成熟之后，由于各种有害因素导致的智力损害或智力明显衰退。❹

形成智力障碍的原因十分复杂，脑损伤、感染性中毒、代谢或营养障碍、孕期感染、染色体改变、精神病等都可能导致智力障碍。❺本文研究的成年心智障碍者以自闭症、唐氏综合症为主。

（二）理论依据

1. 回归社会

回归社会理论是针对将残疾人封闭起来进行供养和照顾产生的弊病而提出来的。将残疾人（如精神病患者）收养于各种社会福利机构进行

---

❶ 王波，康荣心. 智力落后定义的百年演变 [J]. 中国特殊教育，2010（6）：1-2.

❷ 梁海萍. AAMR 2002智力落后定义评析 [J]. 中国特殊教育，2005（2）.

❸ 许家成. 智力障碍概念的演变及其康复实践意义 [C]. 中国残疾人康复协会第五届学术报告会论文集，2011.

❹ 肖源. 人道主义背景下智力残疾者交往的礼仪 [J]. 湖北函授大学学报，2014，27（10）.

❺ 孙桔云. 智力障碍儿童的教育现状及新进展 [J]. 科教导刊（电子版），2014（27）.

照顾，残疾人之间的刺激性的互动，加上管理人员、医护人员对残疾人消极的、冷漠的态度和严格管制，会使残疾人处于消极的社会关系之中。应使残疾人（如精神病患者）处于积极的社会关系之中，其基本方法就是走出封闭。于是改变院舍照顾这种既昂贵、效果又不好的福利模式的呼声就逐渐被人们所接受，让残疾人回到他们熟悉的社区中去接受照顾，让他们在一般的社会中过正常的生活，成为残疾人照顾模式的普遍选择。❶

回归社会理论的基本观点有：老年人、残障者及其他康复需求者等，他们多是社会上最弱势及最无依靠的群体，往往需要社区内正规或非正规的服务和照顾，由各界人士去协助他们在社区内继续过正常的生活。❷社区照顾是让残障者和其他患者等福利服务对象回归社会的典型模式。社区照顾的目标是尽量维持残障者等有需要人士在社区或其自然生活环境内的独立生活，换言之，社区照顾表示提供合适的支援，让残障者等社区人士可以在自己的生活上获得最大的独立性和自我控制。❸

2. 正常化视角

美国全国智力迟钝公民协会曾对正常化所作的界定是：所谓正常化就是帮助残疾人获得一种尽量接近正常人的生活方式，使他们的日常生活模式及条件尽量与社会中大多数人一样而不是有意地将他们区分开来。❹

（三）文献综述

1. 国内研究现状

姚洁，郭文富（2008）基于实践，总结了北京市宣武区成年智障康

---

❶ 姚尚满. 我国残疾人社会工作的理论及方法探讨 [J]. 山西高等学校社会科学学报，2006（9）.

❷ 张传悦. 专业社会工作介入城市社区残疾人服务研究 [D]. 合肥：安徽大学硕士学位论文，2012：11-16.

❸ 李晴. 智障人士社区化服务研究 [D]. 北京：北京青年政治学院硕士学位论文，2012：11.

❹ 兰伊春. 智障人士社区化服务模式研究——以青海 H 智障人士服务机构为例 [J]. 青海师范大学学报，2014（1）.

复训练指导中心在促进成年智障人士社区康复过程中取得的一些经验。提出在成年心智障碍者社区康复中，要加强多方合作，职责明确，为成年智障人士社区康复创造条件；资源共享，采用多种形式，满足需要，开展社区和家庭训练，进一步提高社区成年心智碍者的社区生活能力和就业能力；加强培训示范，通过举办讲座和现场培训等方式，提高社区训练员和家长的康复指导能力。

谭桂英（2015）以 L 机构为实例，探讨了该机构在开展以社区为基础的社区化服务模式上的理念，及其从筹划、实施到评估的工作流程，并总结了该服务模式的实施过程。提出这种服务模式将成年心智障碍者安置在社区，进行常态化的训练，逐步地提高了他们的生活品质，促进了成年心智障碍者的社会化，是使他们更快更好地融入社会的有效服务模式之一。

2012 年 7 月兰州 L 机构总干事支海云在心智障碍人士社区化服务研讨会上提出，社区化服务是一种超前的理念，是指将心智障碍者放到社区之中，贴近社会去生活、学习，让他们有机会走出家门，接触人群、感知社会、与人沟通，真正融进社会之中，反对封闭式训练，使心智障碍者获得属于自己的权利，共享社会文明成果。

2. 国外研究现状

陈乙南（2008）在美国智障人士社会安置研究中全面回顾了美国安置的模式由大型收容所向社区安置演变的过程，详细阐述了美国消除隔离推行社会融合的法律政策，呈现了智障人生活环境的正常化及覆盖全国城乡的智障人社区服务网络体系逐步形成的过程。[1]

王和平、马红英、马珍珍（2006）在北欧国家智障人士社会融合研究中以瑞典为代表对北欧各国智障人士社会融合的历史沿革进行了回顾，介绍了由机构安置向社会安置的转变过程，详细阐述了北欧智障人士社会融合的法律政策，并从生活安置和就业安置两方面说明了现行社会融

---

[1] 陈乙南. 美国智障人士社会安置研究［J］. 长沙民政职业技术学院学报，2008（1）：34-37.

合模式。❶

朱玲会（2010）在智障人士生活安置模式的现状及思考中提出各国在多样化安置模式的探索过程中，已日渐将满足智障人士多方面的需求作为安置的出发点，并以提高智障人士的生活品质、促进智障人士社会融合为有效安置的最终归宿和根本目标。文章概述了目前国内外较为成熟的智障人士生活安置模式及其实施方案，从而为我国进一步探索和完善智障人士的生活安置模式提供借鉴之处，进而推进我国智障人士社会融合进程的发展❷

3. 对以往研究的评述

如今学术界的研究多集中在青少年社区康复和特殊教育方面，较少涉及成年心智障碍者社区化服务的问题。对于社区化服务大多是宏观阐述，缺少具体和实践，较少结合社会工作理念和视角对问题进行深入剖析。经过几年间的发展，社区化服务也由最初的青涩慢慢在探索中不断进步。笔者欲通过4个月深入L机构的实习，分析和总结成年心智障碍者社区化服务的困境，在前人研究的基础上，使现有研究更加完善。

（四）研究方法

1. 文献法

笔者通过查阅大量文献，最终确定选题和调查方向，在成年心智障碍者社区化方面的研究不是很多，所以可以立足的范围很广，在查阅文献的过程中，笔者发现大多数研究都放在了社区化服务的成效和优势上，鲜有人关注到社区化服务遇到的瓶颈。笔者希望通过本研究可以丰富现有文献。

2. 参与式观察法

笔者以实习生的身份直接参与到被观察者的日常活动之中，在共同参与的过程中进行观察。不改变和影响被观察者的原有结构，因此可以获得第一手的真实资料。笔者通过实习可以真切参与到他们的日常生活

---

❶ 王和平，马红英，马珍珍. 北欧国家智障人士社会融合研究 [J]. 中国特殊教育，2006（9）：11-15.

❷ 张丽宏. 中国大陆成年智障人士社区化服务的探索与反思——以慧灵12年的实践为视点 [D]. 西安：西北大学硕士学位论文，2012.

中，感受他们所遇到的困难，同时可以拉近与被调查者的关系，获得信任。挖掘到更加深层、更加真实的信息。

3. 访谈法

这是本研究用到的最主要的调查方法。笔者通过非结构式访谈的方法收集资料、进行调查。因为笔者与机构中的学员和工作人员一起吃饭、一起活动，所以太过正式和生硬的访谈反而得不到想要的资料。笔者会在午休或者吃饭的间隙，跟工作人员以聊天的方式谈论对当下机构现状的看法，不论是抱怨还是赞赏，都是最真实的表达。

二、成年心智障碍者社区化服务的基本内容

（一）机构运行基本情况

笔者在L机构进行为期4个月的实习，采用访谈式方法深度剖析社区化服务中遇到的各种问题。

1. 机构简介

L机构成立于2000年，一直致力于推广社区化服务模式，现在全国各地都有L的分机构在发挥作用。推广应用这种服务模式的目的是使智障人士不凸显其"特殊"而融于社会大众的"普通"之中，从而使智障人士回归社区，让公众了解他们、接纳他们，营造和谐无障碍的平等社会环境。L机构的社区化服务在经过多年的实践和总结后，逐一整理并形成一套具有深厚人文关怀和专业价值的系统服务方法和理论，在行业内广为传播和运用，并使数万名智障人士离开封闭状态回归社会化生活。

2. 机构设置

日间服务：利用社区资源为学员提供丰富的参与社区生活的机会，组织娱乐休闲活动，乘公交车去公园，参观探访图书馆、老人院、博物馆、社区文体中心，到商店、超市购物等，学习独立承担责任，培养遵守社会道德规范和公共秩序的意识，提高参与和使用社区资源的能力以及与他人交往的能力；训练学员学习日常生活技能，提高自理能力。目前参与日间服务活动的学员从15~55岁年龄不等。

支持性就业：为学员提供庇护性就业。开设胡同游、画展等特色项

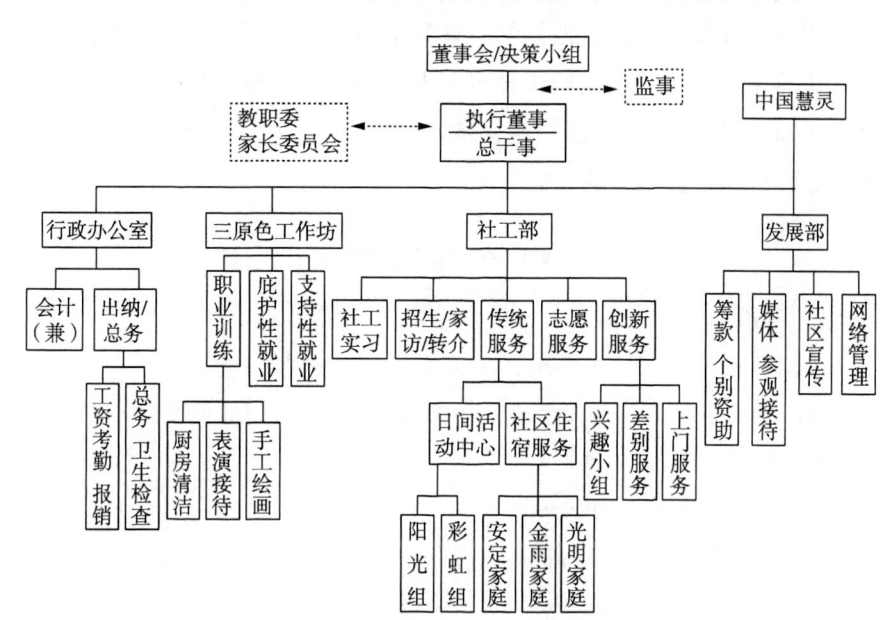

成年心智障碍者社区化服务困境研究

目,通过活动义卖获得的利润用于给学员发放工资、材料购买等。

图1 L机构管理架构图

(资料来源:L机构官网)

家庭式住宿服务:模拟家庭环境,每个"家庭"由一位家庭妈妈、两位活动组负责人和6名学员组成,模拟真实的家庭生活状态,熟悉各种生活技能。

艺术调理:邀请专业人士开展艺术调理活动,使学员在音乐中放松心情,通过舞蹈等肢体语言表达自己,纾解压力。

(二)社区化服务的基本内容

社区化服务不仅仅是依托社区资源开展相关服务,同时还需要学员自身做出努力,敢于走出去与人交流;需要家长给予足够的信任与支持,在家与在机构做到不双向标准;更需要政府方面的大力支持与宣传。接下来笔者就从个人、家庭、社区几个方面,来阐述目前社区化服务的基本内容。

1. 社区化服务基本内容——个人层面

(1)基本生活训练。

成年心智障碍者所面临的成长问题要比青少年的心智障碍者严峻,

| 点燃智慧之光

他们大多已经将近30岁，有的甚至已经40多岁，当有一天自己的父母无法再陪伴他们的时候，他们的心理和生活都将承受巨大的压力。为了那一天到来时，可以为他们减轻些压力，因此训练他们的基本生活技能是至关重要的一步，这也是走出家门、融入社区所要迈出的第一步。表1是L机构学员每天的日常安排。

表1　每周活动流程表

时间	活动
8:00~8:30	迎接学员（开窗通风、饮水机换水）
8:30~9:00	开晨会（点名、报数、分享天气）今日活动介绍
9:00~10:00	健身活动
10:00~11:30	小组活动
11:30~12:00	饭前准备（洗手、摆桌椅、拿碗筷、端饭菜）
12:00~12:30	吃午饭
12:30~13:00	居家训练（收拾碗筷、收拾桌面、扫地、洗碗）
13:00~14:30	午休
14:30~15:00	清醒活动（洗漱、做操）介绍下午活动内容
15:00~16:15	小组活动和个别辅导
16:15~16:40	活动总结（活动组卫生、注意事项）
16:40~17:30	员工案头工作
17:30	安全检查（关闭电源、门窗）

由于笔者只接触到了机构的日间活动，所以对于晚间活动暂不予以阐述。从学员早上被送到机构的那一刻开始，基本的生活训练就已经开始。中午的时间是锻炼的黄金时间。吃饭前学员自己动手抬桌子、搬椅子、拿碗筷、盛饭菜、洗手，一系列的准备程序在普通人看来是再简单不过的事情，但对于他们来说却是很困难的一件事。

"这边的学员基本就是10~12个，一般到11:30~11:40我们就要结束手工或者绘画的小组了，在这个时候我们可能还需要10分钟左右让他们收拾好东西，该放到哪里放到哪里。大约在12点的时候，厨房那边就开始准备中午吃饭的那套东西,桌子啊、碗筷啊这些都需要上来,因为我们现在地方比较小,没有特殊的情况下,我们的桌子就放在外面,12:00开饭,半个小时基本就吃完了,吃完了有厨房工作刷碗的这些人就会主动的收拾,都刷完后大概就13:30了,每个学员都会有自己的分工,所有的餐具都会入消毒柜进行消毒。我们要时刻看到每个学员的位置,都干了什么。对于行为稍弱一点的学员,我们要进行支持。"——A5

"他比我来的时候进步多了,刚开始他是不会扫地的,连扫帚的正反都分不清,我是手把手一步一步教了他一个月,他才能在我的指引下完成扫地任务,刚开始教的时候也是没什么方法,想让他把垃圾扫到一起,最后再扫到簸箕里,结果发现他经常会把扫好的垃圾又重新打乱了,所以我就只能让他一手拿着簸箕,一手拿着扫帚,一边扫一边撮,这样慢慢他也适应了这种方法,效率也就提高了很多。"——A1

他们的进步其实是相当快的,每个学员都会有自己擅长的那一部分,只要经过适当的训练和耐心的支持,他们在日常生活中都能够学习如何照顾自己、如何更好地生活。部分学员还可以帮助家长做一些简单的家务。

(2)人际交流。

由于他们自己无法正确表达自己的需求和情感,多数的心智障碍者伴有社交障碍,再加之社会上一些人对他们的歧视与偏见,使家长不愿带他们去接触社会,导致他们与人交流变得更加困难。L机构一直秉持着以人为本、正常化的理念,在日常活动中,经常让学员接触不同的人,让他们走出家门,主动与社区的居民打招呼,刚开始或许会有不适应,但时间一长,社区的一些人也会主动上来与他们搭话。在平时买菜、逛超市、逛公园的过程中,也锻炼了他们的交流沟通能力,同时也增强了辨认生活日常用品的能力。

"刚开始去买菜的时候,店主也很好奇我们这是一个什么机构,虽然住在小区里,相隔路程也就几分钟,不过很少有人知道我们的存在,刚开始时小Z(化名)主动上前握手,店主也只是虚握了一下,小小退了一步，可以看出来还是比较排斥这类人群的。最后我们离开的时候小Z又主动说再见，店主的表现明显有所不同，她微笑点头，眼里多了些善意。"——A3

"每周三下午的时候，我们都会外出去远一点的地方，北京的这些大的公园我们都带学员去过，每次带他们出去的时候，他们都特别高兴，不论天气怎么样，我们每天也都会出去逛一圈，如果天气不好，就会去近一点的小公园逛，总之不会一整天都让他们待在家里。"——A2

"他们都挺可爱的，天天上我这买菜，那个孩子挺安静的，每次来都只是静静地站在一边，等买完了就拎着菜默默地走了。那个孩子每次都是负责拿袋装菜的，特别勤快。"——C1

通过每天的外出，学员们与社区居民有了更加密切的接触，不仅使居民更加了解这个群体，而且也提高了学员的人际交往能力，学会了在交往过程中应当注意哪些言行，更好地融入了社区之中。

(3) 休闲娱乐。

虽然他们在智力甚至身体方面存在一些障碍，但作为这个社会的一员，他们有权利享受同等的对待。大多数心智障碍者都喜欢接触新的事物，喜欢接触大自然。L机构定期开展的一些娱乐活动，例如，端午节包粽子，中秋节做月饼，去图书馆、KTV、电影院等，不仅开拓了学员的视野，也有助于他们更好地融入社会。

"今年端午节的时候，我们去敬老院跟老人们一起包粽子，不论是老人还是学员，都特别开心，院长还希望我们能多去他那儿呢。"——A4

他们每个人都很喜欢出去，也喜欢新鲜的事物，每天的小组活动，工作人员也都是绞尽脑汁地设计出别出心裁的活动，新鲜感能够调动起他们参与的积极性。阳光之旅、亲近自然的过程中也帮助他们树立了生活的信心，使他们能够以更加积极和乐观的态度面对生活。

2. 社区化服务基本内容——家庭层面

家庭是成年心智障碍者的重要支持，大部分心智障碍者都对父母有着绝对的信任和执念，他们暴露的一些问题也是由于家庭环境造成的。心智障碍者能力的发展，也取决于家庭给予的支持能够到哪一步。对成年心智障碍者的社区化服务，家庭方面是必须要考虑在内的因素。

（1）家庭聚会。

通过家庭聚会不仅可以使家长了解孩子近期的状态，也可以与其他家长交流经验，形成家庭互助网络，彼此交流经验，舒缓压力，也可以及时向机构的工作人员提建议，使社区化服务的工作能够更好地开展。

"家庭聚会把家长们都聚在一起，热闹热闹，孩子们开心，我们当家长的也高兴，我挺感谢咱们阳光组的，上次我儿子走失过一次，给组里添了不少的麻烦，但是这错不在工作人员，即使出了这个事，我对组里依旧是很信任的。后来工作人员也帮着买了定位仪，我们做家长的也放心了很多。"——B1

（2）相关知识和政策培训。

针对一些家长对心智障碍者认识方面的偏颇，为了使他们更好地了解国家有关政策，使学员能够得到更好地训练，L机构每年都会定期为家长组织相关的培训。提高家长的认识水平，为社区化服务工作能够高效开展提供强有力的支持。

"我们每年都会定期为家长组织相关的培训，让家长能够正确认识到该如何教育孩子，希望家长可以配合我们的工作，毕竟都是为了孩子好。"——A2

"在培训会上，L机构的工作人员会教我们一些关于残疾人的政策，我们也为孩子争取到了相应的权力。"——B3

（3）家长服务反馈表。

学员在机构的一些情况通过反馈表的形式反馈给家长，比如，每天做了什么小组，外出去哪了，又做了哪些活动，孩子在哪些方面有进步，又有哪些行为表现。家长通过反馈表可以更加准确地了解孩子一天的状况，从而可以在家中做出相应调整和配合。同时家长也要把家中的情况反馈给工作人员，方便工作人员进行工作的调整。这种双向沟通，不仅提高了工作的效率，也加深了家长和机构之间的信任感。

3. 社区化服务基本内容——社区层面

L机构的远景使命是智障人士平等参与社区建设，共享社会文明成果，推广社区化服务模式，提高智障人士生活品质。L机构依托社区，让心智障碍者从接触社区开始，慢慢开始适应社会，同时使更多的人认识这个群体，为心智障碍者能够公平地参与社会生活、享有社会文明成果谋求保障。

（1）充分调用社区资源。

L机构的取址多选于普通的较为完善的社区，可以充分调用社区的相关资源，比如健身器、居委会场地、小广场、图书馆、影剧院等自然资源，让学员在社区中学习。学员可以平等地参与到社区生活中，增强了交往能力和生活能力。

"我们的日常活动都离不开社区的资源，中午我们会带着学员出去买菜，周四会带他们去超市购物，平时也会去旁边的小公园遛弯，这些都是天然的资源，社区的居民也都越来越熟悉我们的学员。"——A3

"学员们都喜欢出去，在机构里可能会经常吵闹，但是去了社区的图书馆之后，那里安静的氛围也让他们安静下来，我们会带些画笔和纸过去，让他们画画，经常让他们在图书馆的氛围下熏陶一下，也挺好的。"——A2

（2）增加与居民互动机会。

L机构扎根于社区，社区化服务也需要依托各种社区资源，与居委会搞好关系是以后能正常开展活动的关键一步。有了居委会的帮助，机构的活动开展会事半功倍，同时可以带动社区居民更好地了解心智障碍者这一群体。通过长期地与居民互动、交往，一些居民也由最初的排斥，慢慢转为接纳，逐渐相信心智障碍者也可以融入社会，过正常人的生活。

"我们去小公园的时候，经常会引起居民的注意，一些人会很好奇地过来搭话，询问一些关于机构和心智障碍的问题，我们每次出去的时候都会拿一些宣传册子，碰到有问题来询问，就会把宣传册发给他们。"——A4

"有的居民很热情，我们在室内举办活动的时候，会邀请左邻右舍来一起参加，他们也会抱着好奇的心态过来，这也是加深他们对学员理解的一个好的机会。"——A2

"他们家经常来这吃饭,我们都熟了,这些孩子挺可爱的,每次来都会跟我打招呼。"——C3

(三)社区化服务的成效

社区化服务现在多以社区为依托,充分利用社区资源,搭建心智障碍者的活动平台。通过与社区居民的亲密接触,心智障碍者学会了走出去,与普通人交流。机构的出现,也适当减轻了家庭的负担。由于大多数心智障碍者的父母依旧还是在工作阶段,白天他们可以将孩子送到机构,下午再接走。一方面避免了心智障碍者独自在家发生危险,另一方面也可以通过专业的指导提升他们的生活自理能力,同时缓解他们的孤独感。社区化服务让心智障碍者真正融入社会,参与到社会日常生活中,使他们享受到平等的权益。人类总是对不了解的事感到畏惧,通过社区化服务,也使人们对心智障碍者这个群体有了更多的接触和了解。

三、成年心智障碍者社区化服务的困境

(一)个人方面的困境——"较低"的专业素质

1. 相关案例呈现

L 机构白天有学员 11 个,晚上有 4 个左右,其中有唐氏综合症、自闭症、智力障碍等各种不同类型,自闭症的学员喜欢自己躲在角落里,不喜欢与人交流,在进行活动的时候,很难让他们参与其中。其中一个男学员身材比较壮,中午让他去放水拖地是很不容易的一件事,不论是用温和的语气还是严厉的语气,他都会沉浸在自己的世界中。还有一个自闭症学员,有很强的强迫症,走路的时候喜欢沿着砖缝走,是机构里最不稳定的一个学员。别的学员必须要按照规定去完成自己的任务,而这个学员如果很不乐意去做自己的任务,那工作人员也不会太过勉强。因为让他去做不喜欢的事,很容易激发他的反抗情绪,激动的时候会暴走甚至出手打人。鉴于这种不稳定因素,使得他的待遇就与其他学员有明显不同。

对于心智障碍者,是不提倡用威胁的方式去引导的,但是机构中有一位心智障碍的学员 Q 在每天晨会分享天气的时候,总是无法自主读完

完整的一句话，即使是跟着工作人员读，也只是重复后半句。和颜悦色对于他来说完全不管用，因为他对父亲很依赖，每周就盼着父亲来接自己，所以工作人员就会用他的父亲来接他这件事威胁他，要求要认真读。Q是一个能力很强的学员，只是心里依旧对机构有排斥感，没有完全的信任。

2. 个人方面的困境分析

（1）成年心智障碍者个体差异大，缺乏针对性训练。

成年心智障碍者个体差异较大，虽然都伴有智力障碍，但所表现的行为却并不相同。自闭症、智力障碍、脑瘫、唐氏综合征，每一种都会有自己的行为表现，需要工作人员进行具有针对性的训练，这样才能最大效率地提升他们的生活能力，促进他们更好地融入社区。但由于机构整体水平较低，机构工作人员综合素质较差，难以适应每个心智障碍者的个性要求。心智障碍者的情绪极其不稳定，一个学员的情绪波动很容易引起其他人的反应，影响整体的服务效果。

"每个学员都很有个性，你不能用相同的方法对待他们，像小P，她就是比较明白的人，如果做错什么事了，我就会直接告诉她，她也能知道自己做错了，也会好好反省。但是像小H，他就不能用那么强势的态度，如果太过强势，他反而会逆反，跟你对着干。"——A5

"个别化训练，机构是给做过培训，不过太过专业的咱们也不会做，就是教他们刷刷碗、扫扫地、叠叠被子什么的，感觉也没怎么用到专业的知识。"——A4

"有些学员不只是有一种特质的行为，比如说小Q，他虽然是诊断的智障，但我们发现，他也有一些自闭症的倾向。"——A

笔者在机构实地观察时发现，即使每个小组都要求去做个别训练计划，但是真正去做的却没有几个。一个原因是人手不足，10个学员的小组，只有两个负责的工作人员，做个别训练就无法兼顾其他人。另一个原因就是工作人员专业知识不够，几乎很少有社工专业出身的，就连知识水平也大多停留在初高中。

（2）社工理论实践与社工伦理的冲突。

L机构一直秉持着以人为本、正常化的理念，但是在实际过程中，理念与伦理的冲突在所难免。比如说一名心智障碍者时常有暴力倾向，基于社工以人为本的理念，机构应当采用各种支持手段缓解他的情绪，鼓励其融入集体之中，但是现实中，他的行为已经威胁到其他学员和工作人员的安全，是让这个学员离开机构，还是继续留下，对于机构来说是一个两难的选择。

"有一些专业的人士根本就不了解我们组的情况，我们也知道对他们态度强横是不对的，但是有的学员是很能看人脸色的，你如果示弱，他就会得寸进尺，我们只能采取强硬一点的手段，让他们记住那样做是不对的，一味地和声细语在实际中是起不到任何作用的。"——A2

"有个专家说过，心智障碍者没有做不到的事，他做不到只能说明是你的方法用得不对，但是实际上就是，有的人就是一辈子都学不会系鞋带，就算是顶尖的专家来，也教不会他。"——A3

"小Q是一个特别聪明的人，他也有自己的意识，但是他在工作方面的能力是很弱的，不是我们没有去培养他，而是说你在培养他的同时，因为他比别人聪明，他会屏蔽你，比如说你让他去做一件事情，他有时候就会说我不做我不做，但你硬要他做，他也会去做，他就是那样一种状态，针对他的训练我们做了很久，但他一直都是那种状态，包括穿衣服，他的能力都很弱，他会有选择性接受你的信息，有时候我就会说如果你不做，你爸爸就不来接你了，他就会做得很好。"——A4

笔者在参与观察的过程中，也发现有一些学员个人能力很差，即使你运用再专业的办法也无法让他按照你认为的正确的步骤去做，所以有的工作人员有时候就会采取威胁、强硬的措施去约束他们，迫使他们去完成任务，但是看得出来，他们是不情愿的。

（3）机构专业人才流失。

一线服务人员的专业化程度直接关系到社区化服务的质量，由于重度的成年心智障碍者自理能力较差，需要配备具有专业水平的人员进行服务。但由于工资薪金、社会压力等诸多问题，L机构的专业人才流失严重，目前机构中社工专业的工作人员寥寥无几，大多数是从幼儿园转职过来的，都是凭借多年的实践经验从事工作，缺乏专业的理论知识作为支撑，服务效果往往事倍功半。员工快速的更迭，更是对学员有着不小的打击，他们需要不断适应新的负责人，很容易产生情绪化、排斥等问题。

"阳光组的学员很多，白天有10多个人，但是负责人只有两个，即使平时会有一些志愿者过来，但是毕竟不了解学员，也不敢太过放手让他们去带活动。"——A2

"我们这之前有个员工就是对这个学员非常好，过于照顾了，所以那个学员是非常依赖他的，等他走了，这个学员是很痛苦的，每天都会喊啊。有的学员占有欲很强，你对我好，就只能对我一个人好，不能对其他人好，所以我们尽量平等地对他们，不要让他们对你太过依赖。"——A4

笔者在进入L机构实习时，刚好赶上北京地区主要负责人更换，所以很多程序都还处于一片混乱之中。人员的流动不仅对学员产生了重大影响，也对工作人员的工作产生了很大的影响。当一对搭档的其中一个人离开，换上另一个人，就需要有一个磨合的过程，每个人的工作方法和理念又有所不同，学员也需要尽快适应新工作人员的工作方法。对于心智障碍者来说，稳定对于他们来说是最好的状态。

（4）工作人员综合素质普遍较低。

社工作为社区化服务的主力军，在工作中起到了支柱的作用，但实际上愿意留在L机构工作的专业社工寥寥无几。社工督导可以大大提高工作效率，但由于L机构资金缺乏，并没有建立起完善的督导体系，即使有实习生来实习，也没有专业的社工进行督导。

"好多东西教给我们之后也不知道该怎么做，像那个个训的计划，我们都是凭着自己的理解去做的，也没有什么人来告诉我们做得对不对。"——A3

"有的组的负责人是多一事不如少一事，都怕麻烦，像擦桌子、扫地这些如果让学员去做，还得在旁边指导，特别累，还不如自己干了，又快又省事。我觉得你们社工的一些理念特别好，我们应该多学学。"——A2

由于缺少专业的社工，笔者在 L 机构实习的过程中发现，小组、个案都很难推动。虽然现在的工作人员有着很强的实务能力，但是由于缺少专业的理论知识，无法给予学员一个比较系统的训练。对于心智障碍者来说，外在的一些生活能力是必需的，但更重要的是心理的发展。帮助他们树立积极面对生活的信心也是很重要的一步。

3. 社工介入的重要性

社工在社区化服务中起着至关重要的作用，心智障碍者在日常生活中需要有专业的人员来进行辅助的练习，针对不同类型的学员，制定适合他们的训练和活动方案，充分整合社区资源。但实际上，处于一线的社工却少之又少。L 机构只有一名社工出身的工作人员，虽然领导也定期组织去台湾、香港学习，但毕竟没有一个系统的社工理论的学习，只靠实践来摸索，使工作人员走了很多弯路。

为什么一线社工这么少呢？一方面是由于社工的工作具有公益性质，在这个岗位上能坚持下来的人，不外乎都是有坚定的信仰并且不恋名利的人。另一方面是由于现在大陆的社工体系仍不够健全，社会上对社工的认可度普遍偏低。像 L 机构这样没有主管单位背景的，生存就更加困难了。

由于没有专业的社工开展活动，L 机构的日常显得有些单调。虽然要求开展个案，但由于没有人会，所以也一直拖着。虽然工作人员给了学员足够的关心和爱，但他们更需要的是专业的心理辅导和训练。

（二）家庭方面的困境——"断片"的沟通联系

1. 相关案例呈现

L 机构中有一大部分学员的家庭都是单亲或是重组家庭，这对于心智障碍者来说是一个很大的打击。他们的内心很脆弱也很敏感。小 Y 有自闭症行为，他是重组家庭，母亲是一所培智学校的校长，父亲是后来找的。小 Y 非常渴望能有一个完整的家庭，对原来的家庭也很不舍，我们平时在画画的时候，他就会下意识地去画三个小人，看得出来是一家三口，在他心里，一个完整的家就是他的全部世界。

不仅仅是小 Y，机构里的每一位学员都对自己的父母有很强的依赖性，他们在家和在机构的行为是两种完全不同的状态。小 H 是最淘气的一个学员，平时我们午休结束后做清醒的时候，会放一些歌让大家跳，但是小 H 很少会跟着一起跳。在家的时候，他就不会这样。他在家会听着小苹果，在床上手舞足蹈地跳舞，这个状态在机构里是看不到的。

每个家长都对机构的工作表现得很支持，但是却很少参与到管理中，晚上来接的时候，也只是简单地问问，今天都去哪了，玩得开不开心之类的，也不会坐下来深入谈一谈关于活动方面的事情。

2. 家庭方面的困境分析

(1) 家长参与度低。

通常对于日间的学员来说，家长早上把他们送到机构，晚上接走，机构就像一个学校一样，家长不参与平时机构小组活动的设计，他们对于小组和个案的工作方法也基本都处于零认知的状态。

"孩子送到这儿平平安安的，高高兴兴的就行了，我们也不指望他们能干什么家务，别捣乱就行了。"——B1

"晚上来接的时候，我都会问问他们今天去哪了，其他的事也就没再问了，专业的工作有老师在就行了，跟我们说了也不懂。"——B3

家长的角色在社区化服务中起着重要作用，工作能否正常推动，需要家长的配合。在 L 机构的阳光组，家长有时会跟着一起参加阳光之旅这样的大型活动，对于日常的一些小活动，家长几乎都不过问。他们认为把孩子送到机构，剩下的事交给机构就可以了。

(2) 家庭和机构训练脱节。

学员周末回家，周一再回来的时候，经常会把上周训练好的任务忘得一干二净，家长在家里几乎都不会让孩子去干家务，他们没有那个耐心手把手地去跟着孩子一起做，所以一周的训练效果，在周末回家之后就会大打折扣，这对学员能力的提升是一个很大的阻碍。

"家长们都没有那些专业的思想，在家里都是孩子想干什么就干什么，我们要纠正学员的一些坏习惯需要花费很长的时间，但是他们回到家再回来时，本来改掉的习惯就又回来了，所以我们其实一直在重复地干一件事。"——A4

"大多数家长在口头上是很配合我们工作的,我们每次组织出去玩,家长们也很支持,但是有些思想还是跟我们有些不同,他们不会花费那么多时间在训练孩子生活技能上。"——A2

(三)社会方面的困境——"法外"的尴尬身份

1. 相关案例呈现

L机构每天都会带学员出去,或者买菜,或者去超市,或者去公园。社区和社会中大多数人还是以接纳的心态来对待他们的,但是有些时候还是会有排斥的。有一次我们坐车带着学员去公园,车上人多了一点,一个年轻的女士就一直在躲学员,可以看出那种嫌弃的态度。在社会上有些人还是难以接受心智障碍者,而那些接受的也总是抱有怜悯的态度来看待他们,我们去买菜的时候,从商贩口中听到的最常见的词汇就是可怜。

在社区里也难免会与周围邻居产生摩擦,有一次楼上的住户就上门来闹,不问缘由就把工作人员骂了一顿。这种事听说已经是见怪不怪了。

近期,L机构依旧在为申请民办非企业单位而四处奔波,断了奶的L机构,如今也面临着财政方面的巨大危机,十年申非之路,他们走得很艰辛,全体成员都在为这件事发愁。

虽然政府现在对民间草根非政府组织(NGO)的合法化放宽了界限,但依然时刻将民间组织的发展限制在可控的范围之内,以避免出现任何政府不能控制的情况。现在民间组织的成立需要有业务主管部门的同意才能在民政局进行登记,而业务主管部门又非常难找,增加了准入成本。过于繁琐的准入程序使得一些民间NGO组织望而却步,只能工商注册登记而游离于法律监管之外。

由于没有一个强有力的业务主管部门在背后撑腰,这些民间草根组织的社会信任度就会降低,从而导致资金和专业人才的进一步流失。

2. 社会方面的困境分析

(1)社区居民接纳度低。

L机构驻扎在社区之中,所以与居民接触最多,由于机构内学员较多,可能会引起一些居民的反感。L机构也因为居民的投诉,而辗转多次搬家，这对心智障碍者的生活也造成了一定困扰。尤其是自闭症的人，他们是很怕搬家的，卧室里家具的摆放都不能改变，搬家对于他们来说相当于颠覆了整个世界，他们要完全颠覆以前的习惯，要重新熟悉乘车路线、熟悉家里的位置，这可能会使他们崩溃掉。对于管理自闭症容易的，就是固定。社区化服务依托社区，如果连居民都无法接受，那工作就很难开展。

"我们在之前那个地方待了将近十年，也是由于有的居民向上边反映，我们在今年3月才不得不搬家的。"——A3

"跟居委会的关系还可以吧，每到逢年过节的我们都会去居委会那走走，送点水果，跟他们搞好关系对我们也有好处，我们是刚刚搬到这里，一切都还不稳固，所以处处都得小心些。"——A2

（2）社区化服务流于形式。

虽然社区化服务需要依托社区资源开展服务，但是由于居民对心智障碍的误解根深蒂固，要想让他们完全接纳不是一朝一夕就能改变的，所以虽然在社区中吃住，但真正能够正常参与社区日常生活的机会却很少。现在的社区化服务依旧是流于形式，由于多次搬家，所以不利于与周围居民建立良性的互动关系。

"社区化服务的理念是正确的，但如果要真正实现，我觉得现在还很难，大家都是想多一事不如少一事，我们上次国庆的时候想在社区搞个宣传活动，居委会以国庆期间想平稳度过为由而拒绝了。"——A3

虽然L机构经常会带学员外出，但周围人对他们的认知依旧停留在智障的层面，卖菜的商贩表示，虽然他们经常来这里买菜，但实际交流却很少，也并不是很明白这是怎样一个机构，就是觉得可能是类似于托养所那样的。社区化的服务理念并没有传播给周围的居民，使他们对这类群体依旧认识不足。

（3）政府层面缺失。

L机构申请了将近10年的民办非企业单位都没有成功，在社区化服务工作中，与政府密切联系可以事半功倍，如果有了政府的宣传和支持，那L机构在社区中的地位也就不会像现在这么尴尬。

"L机构的服务是面向整个北京的,我们在北京各个区都有模拟家庭,这也是为了大家能接送方便,但也正是因为太过分散,导致多次申请都没有通过。东城区残联拒绝的理由是,L机构的业务范畴包括其他区,所以做不了我们的主管单位。北京市残联拒绝的理由是,L机构总部在东城区,所以只能在东城区注册。而民政局则认为我们这种情况应该归残联管。"——A3

四、建议

(一)坚持以人为本,提高专业水平

在进行成年心智障碍者社区化服务的过程中,要始终坚持以人为本的理念,一切工作为了心智障碍者。为机构配备合理比例的人员和设施,根据不同类型的学员制定具有针对性的训练计划。多引进先进的技术和理念,鼓励员工参加培训,经常向成熟的机构请教经验。加强人力资源管理,保证员工的稳定性,关注员工内心世界,设立专业的督导机制,对机构工作及时进行调整,以达到最好的效果。坚持理论与实践相结合,运用科学有效的方法进行技能训练。

(二)与家长密切联系,共同参与日常活动

社区化服务的开展需要家长的密切配合,一个良好的家庭氛围,有助于心智障碍者顺利融入社区,多数心智障碍者对自己的父母都非常依赖,所以父母自己就要有一个积极乐观的生活态度,这对孩子的成长也有积极的影响。社区化服务的活动环节需要有家长的参与,这样不仅可以调动学员参与的积极性,同时也有利于家长本身对心智障碍者形成一个正确的认识。工作人员应主动与家长进行沟通,及时了解学员在家的情况,并对接下来的活动进行相应的调整。

(三)促进社区融入,充分利用社会资源

对于一直没能申请到民办非企业单位的问题,一方面原因是因为北京作为首都,审批程序上相对较为严格;另一方面的原因就是,一些管理高层固执己见,不愿调整现有的模式。机构管理层面思想的转变是很

重要的，机构应当充分利用社会资源，加强与其他 NGO、政府、企业的合作关系，拓宽筹资渠道，优化组织结构。积极与其他成熟的机构请教经验，对于服务工作中遇到的问题，应当及时反馈到有关部门。另外，要密切加强与居委会的联系，处理好与周围邻里的关系，加强关于心智障碍群体的宣传工作。

结 论

社区化服务的理念逐渐成为一种主流思想，这种服务模式更有利于成年心智障碍者融入社会。这种模式的高效开展需要个人、家庭、社会的多方努力，纵使现在呈现出很多问题，但是它有很大的发展空间。空有一颗爱心是不够的，社区化服务的推动需要专业化的力量，需要专业的社工走到一线，更需要政府的支持与肯定。

另外，本研究还存在很多不足。参与式观察、访谈、文献的方法，虽然获得了第一手资料，但由于笔者本身作为研究工具深入到机构内部，即使力求中立、客观，但自身对成年心智障碍者的认识依旧会对结果产生一定的影响。本研究只是针对一个服务机构展开调查，缺少普遍性。关于心智障碍者还有很多课题值得学者研究，例如：社工介入心智障碍者的困境、心智障碍者志愿服务、心智障碍者就业庇护等。

参考文献

[1] 张丽宏. 中国大陆成年智障人士社区化服务的探索与反思——以慧灵 12 年的实践为视点［D］. 西安：西北大学硕士学位论文，2012.

[2] 王波，康荣心. 智力落后定义的百年演变［J］. 中国特殊教育，2010（6）：1-2.

[3] 梁海萍. AAMR 2002 智力落后定义评析［J］. 中国特殊教育，2005（2）.

[4] 许家成. 智力障碍概念的演变及其康复实践意义［C］. 中国残疾人康复协会第五届学术报告会论文集，2011.

[5] 肖源. 人道主义背景下智力残疾者交往的礼仪［J］. 湖北函授大学学报，2014，27（10）.

[6] 孙桔云. 智力障碍儿童的教育现状及新进展［J］. 科教导刊（电子版），2014（27）.

[7] 姚尚满. 我国残疾人社会工作的理论及方法探讨 [J]. 山西高等学校社会科学学报, 2006 (9).

[8] 张传悦. 专业社会工作介入城市社区残疾人服务研究 [D]. 合肥：安徽大学硕士学位论文，2012：11-16.

[9] 李晴. 智障人士社区化服务研究 [D]. 北京：北京青年政治学院硕士学位论文，2012：11.

[10] 兰伊春. 智障人士社区化服务模式研究——以青海 H 智障人士服务机构为例 [J]. 青海师范大学学报，2014 (1).

[11] 陈乙南. 美国智障人士社会安置研究 [J]. 长沙民政职业技术学院学报，2008 (1)：34-37.

[12] 王和平，马红英，马珍珍. 北欧国家智障人士社会融合研究 [J]. 中国特殊教育，2006 (9)：11-15.

附　录

附录 1　访谈提纲（机构工作人员）

1. 工作人员基本情况（之前工作内容、学历、年龄、专业知识程度）。
2. 机构的建立过程？
3. 机构的服务理念和目标？
4. 机构与社区和家长的关系如何？
5. 机构的资金来源？
6. 机构的服务对象主要类型及来源？
7. 机构的服务内容及工作方法？
8. 机构目前为止取得了哪些成效？
9. 机构所遇到有哪些困境？
10. 对心智障碍者认同情况？

附录 2　访谈提纲（学员家长）

1. 家长基本情况（年龄、学历、对成年心智障碍者认知程度）。
2. 如何知道的慧灵机构，为什么会送到这里？

3. 孩子和家长需要哪些服务？

4. 机构提供了哪些服务？

5. 说说对社区化服务的理解和看法。

6. 对机构的服务是否满意？

7. 孩子在机构里有了哪些改变？

8. 平时机构的服务中家长的参与度如何？

9. 对机构的服务有哪些意见和建议？

附录3　访谈提纲（社区居民）

1. 居民的基本情况（年龄、学历、对成年心智障碍者的认知程度）。

2. 您知道社区里有慧灵智障人士社区服务机构吗？

3. 您对这个机构有什么看法吗？你可以接受他们与您生活在同一个社区中吗？

4. 机构平时的日常活动对您的生活有什么影响吗？有哪些影响？

5. 您了解这个群体吗？你怎么看待他们？

6. 您对这些学员面熟吗？跟他们有过交流吗？

7. 您对机构的意见和建议有哪些？

附录4　受访者基本信息表

受访者	性别	年龄	身份	学历	L机构工作年限
A1	女	23	社工、实习生	研究生	……
A2	男	28	活动组负责人	本科	2
A3	女	42	活动组助理	本科	3
A4	女	48	家庭妈妈	初中	10
A5	女	26	社工部主任	本科	5
B1	女	40	家长	本科	……
B2	男	52	家长	本科	……
B3	女	43	家长	本科	……
C1	女	56	社区居民	专科	……

续表

受访者	性别	年龄	身份	学历	L机构工作年限
C2	女	40	社区居民	本科	……
C3	女	35	社区居民	初中	……